AF563840

… semper hostis, hostis que Tyranni,
Sæpe fuit victor, sæpe que victor erit.

LETTRES
SUR
LA RÉVOLUTION
FRANÇAISE.

PAR J. GORANI, CITOYEN FRANÇAIS;

A SON AMI CH. POUGENS.

Discite justitiam moniti, & non temnere divos.
Æneid.

A PARIS,

Chez GUILLAUME Junior, quai des Augustins.

M. DCC. XCIII.

L'an deuxième de la République Française.

AVIS
DE L'ÉDITEUR.

QUELQUES personnes étonnées des observations aussi neuves qu'intéressantes que leur faisoit, en société, l'auteur de ces lettres, sur les absurdités de la convention de Pilnitz, & sur les suites que devoit avoir cet acte de délire, le prierent de mettre ces observations par écrit; telle est l'origine des lettres dont nous présentons le recueil; à l'exception de la dernière, les autres ont été imprimées dans le Moniteur universel; elles ont été traduites presque aussitôt en Angleterre, en Hollande, en Allemagne, en Suede & en Italie. Ce suffrage unanime des Nations les plus éclairées, annonce suffisamment le mérite de cet ouvrage, mais il n'en spécifie pas le genre & l'étendue, & c'est la tâche que nous nous proposons de remplir en peu de mots.

Un stile pur, noble, concis, éloquent & convenable au sujet, sans redondance, sans obscurités, sans affectation, c'est le moindre mérite de ces lettres; elles ont de plus celui d'expliquer les vraies causes de la révolution française, de prédire les événemens qui doivent résulter pour le bonheur du monde, de la coalition des rois armés contre la France, & ces prédictions inspirent d'autant plus de confiance, que déjà le roi de Prusse & le duc de Brunswick ont éprouvé les échecs que l'Auteur leur avoit annoncés, en les instruisant de leurs véritables intérêts.

Ces lettres contiennent aussi la censure la plus judicieuse de la royauté, du sacerdoce, de la noblesse, de la diplomatie, de la conduite des rois, de celle de leurs courtisans, de leurs ministres, de leurs ambassadeurs, & des vices de leurs gouvernemens.

Cet ouvrage est si riche en vérités essentielles au bonheur de l'homme, & en principes conformes à la nouvelle politique de la République Française, qu'on peut le regarder comme le manuel de l'homme d'état.

Enfin ces lettres sont une légère esquisse des vastes connoissances d'un véritable ami des hommes, qui après avoir voyagé, avec une bonne vue, dans toutes les cours de l'Europe, & après y avoir étudié les hommes & les choses, s'est déclaré l'ennemi du despotisme, & n'a pas cessé depuis vingt ans de lui faire la guerre par ses écrits. Cette guerre, &, sur-tout le généreux dévouement de Gorani à la Nation Française, lui ont occasionné de grandes persécutions de la part du tyran de son ancienne patrie; & l'on peut s'inſtruire de ces perſécutions dans la Préface des *Recherches*, de ce ſavant, *ſur la ſcience du Gouvernement* (1) ; bien-tôt il multipliera les preuves de ſon ſavoir, en publiant ſes Tableaux Hiſtoriques & Critiques des principaux Gouvernemens de l'Italie, qui ſont ſous preſſe.

Gorani étoit mur pour la révolution françaiſe ; dès qu'il connut notre Déclaration des Droits, il accourut pour nous aider à en faire la conquête ; la patrie, reconnoiſſante des ſacrifices qu'il nous a fait, & des ſervices qu'il nous a rendus, l'a reçu citoyen français, avec les hommes les plus célèbres de l'Europe par leurs lumières & leur philantropie ; depuis ce moment il n'a pas ceſſé de nous rendre, aux riſques de ſa vie, ou du moins de ſa liberté, d'importans ſervices, que nous publierons auſſi-tôt que la prudence nous le permettra.

---

(1) 2 volumes *in*-8.°, qui ſe vendent 6 liv. brochés, à Paris, chez Guillaume Junior, Imprimeur-Libraire, quai des Auguſtins.

LETTRE

Au Roi de Pruſſe ſur ſes intérêts envers la France & la Pologne.

Le 20 Juin 1792.

SIRE,

DEPUIS quelques mois les papiers publics ne ceſſent de répéter que votre majeſté ſe propoſe d'attaquer la France avec une armée de 40 à 50 mille hommes; je ne puis ajouter fois à une nouvelle ſi étrange; il me paroît impoſſible qu'un prince, ſi connu par ſes lumières, puiſſe ſe confier à une alliance monſtrueuſe, impolitique, abſurde, pour détruire une nation qui le chérit; & qui, par ſa poſition, eſt ſon alliée néceſſaire, & cela pour favoriſer les projets ambitieux des deux puiſſances les plus inſatiables, les plus redoutables pour lui-même : il me paroît impoſſible que le neveu du grand Frédéric, nourri de bonnes études, & doué de qualités excellentes, ſoit devenu tout-à-coup le jouet d'un miniſtre aſtucieux, d'un vieillard ruſé, habitué depuis tant d'années à former des projets giganteſques, dont les uns ont échoué, & dont les autres ont été funeſtes à la puiſſance même qu'il vouloit agrandir. Non, ſire, je ne puis me perſuader que votre majeſté veuille se faire l'instrument de sa propre perte; cependant les dernières nouvelles affoiblissent mon incrédulité, parce qu'elles assurent que vos troupes avancent vers les frontières de la France.

La marche des affaires politiques actuelles me prouve, sire, qu'on a trompé la plupart des souverains sur la révolution française; cet événement m'a paru si extraordinaire, & les nouvelles qui en arrivoient dans les pays étrangers étoient si contradictoires, que, pour le connoître à fond, j'ai quitté ma patrie, je me suis rendu à Paris, & voici le résultat de mes recherches & de mes réflexions à ce sujet.

J'ai vécu pendant quelques années dans les états de la monarchie prussienne, & j'ai conservé une véritable affection pour les princes qui la gouvernent. J'ai visité tous les pays de l'Europe; il n'existe, sire, aucune monarchie semblable à la vôtre, où le despotisme militaire se trouve aussi modérément combiné avec la sûreté publique, où le pouvoir le plus absolu ne soit point un moyen d'oppression. C'est parce que je m'intéresse vivement à la longue durée de cette monarchie, à la prospérité des peuples prussiens, & spécialement à la vôtre, sire, que je ne puis résister à l'impulsion que me font éprouver tous ces intérêts, de discuter les vôtres, & de m'adresser directement à votre majesté.

On dit, sire, que vous êtes entré dans l'alliance projetée par le charlatan octogénaire de la cour de Vienne, & que vous allez contribuer de toutes vos forces à la destruction de la liberté française, pour réhabiliter des princes & des nobles français, qui n'éprouvent que les effets de leur propre impéritie. Puisque les malheurs de l'empire français vous sont connus, daignez, ſire, vous rappeler les principaux faits qui caractériſent les perſonnages pour leſquels on veut vous intéreſſer ; cet examen ſera ſentir à votre majeſté combien il ſeroit impolitique pour elle d'employer ſes armes, & de diſſiper ſes tréſors pour des gens qui ont abſolument voulu ſe perdre. Laiſſez, ſire, les petites paſſions aux hommes ordinaires, les grands princes ne doivent ſe laiſſer guider que par de grands motifs, par des intérêts de la plus grande importance ; on vous dira, ſire, qu'un monarque magnanime doit protéger & ſecourir des princes infortunés ; oui, lorſque leurs revers viennent d'imprudences ou de fautes pardonnables ; mais, ſire, des princes qui ſe ſont perdus par une foule de vices honteux & de crimes impardonnables, ſans aucun mêlange de vertus ni de talens ; des princes qui ont eu la lâcheté de fuir & d'abandonner la cauſe du trône, lorſqu'ils pouvoient encore la défendre, bien loin de mériter la compaſſion de votre majeſté, ne doivent éprouver que ſon indignation ; elle doit les abhorrer, comme coupables d'avoir rendu mépriſable & odieuſe la royauté françaiſe.

On veut vous faire craindre, ſire, que l'exemple de la France ne devienne contagieux, & n'introduiſe l'eſprit d'inſurrection parmi vos peuples ; cette crainte eſt chimérique ; & pour s'en convaincre, que votre majeſté daigne conſidérer quelles circonſtances ont déterminé l'inſurrection des Français ; elle n'a eu lieu que parce qu'ils étoient excédés des maux qui déſolent une monarchie toutes les fois que le monarque eſt ignorant, inſouciant, incapable de gouverner par lui-même : les Français n'ont ſecoué le joug, que parce qu'ils étoient au comble de la misère, que parce que leur patience étoit épuisée, parce qu'ils ne pouvoient plus supporter les déréglemens excessifs d'une reine, qui ne respiroit que la ruine de l'Etat.

D'ailleurs les Français haïssoient des parlements qui disposoient arbitrairement de leur liberté, de leur fortune, de leur vie, & qui faisoient périr dans des supplices horribles, presqu'autant d'innocens que de coupables.

Ecrasés d'impôts, de douanes & de dîmes, les Français détestoient leurs traitans, leur armée nombreuse, & les intendans qui exerçoient dans les provinces le despotisme le plus oppressif & le plus ruineux.

Les Français étoient indignés contre une noblesse insolente, ignare, avide, qui s'attribuoit exclusivement les premiers emplois ecclésiastiques, civils & militaires, & toutes les faveurs de la cour; une noblesse qui les tourmentoit & les ruinoit par une multitude de droits féodaux excessivement onéreux, par des corvées & des servitudes odieuses, par des chasses qui dévastoient les campagnes, par des justices seigneuriales & tyranniques, par le libertinage le plus effréné, &c. &c.

Les Français, sire, en proie à l'insatiable cupidité des princes, des ministres & des courtisans, se sont effrayés de l'énormité de la dette que cette cour vorace avoit contractée, & qu'elle augmentoit sans cesse; ils ont été vivement frappés de la menace d'une banqueroute affreuse, dans laquelle ils se voyoient précipités par les continuelles dilapidations des courtisans.

Enfin, le clergé de France, perdu de dettes & de vices, ne ménageoit même plus les apparences; il s'abandonnoit au scandale, & les Français n'avoient de ressource que dans la saisie & la vente de ses biens, pour payer la dette immense de l'Etat, & pour soulager la classe la plus nombreuse & la plus misérable du peuple.

Sire, telles sont les véritables causes qui ont perdu le despotisme royal & ministériel de la France, & ses diverses aristocraties. Ces causes, ces vices n'existent point chez vous. Une reine de Prusse ne peut pas dissiper les revenus de l'Etat en profusions à sa famille, à ses favoris; elle ne peut pas cabaler contre son époux, ni contre la nation. Vous gouvernez par vous-même, sire; vous êtes accessible à tous vos sujets; vos princes, vos grands, vos ministres, sages & modérés, donnent l'exemple de la soumission; la justice se rend exactement dans vos tribunaux. Votre clergé peu nombreux & peu riche, est instruit, obéissant, exemplaire, moins égoïste & plus attaché à la patrie, parce qu'il est composé de pères de famille; vos nobles, par vous contenus dans le devoir, ne peuvent opprimer impunément vos peuples; vous n'avez point de dettes, vous faites des économies; vos villes & vos campagnes sont toujours assurées de trouver des ressources dans votre trésor, lorsque le besoin l'exige: enfin, votre état militaire ne ressemble point à celui qui existoit en France, car chez vous le mérite & les services seuls règlent votre conduite pour les avancements. Il n'existe donc, sire, dans votre administration, aucun principe de dissolution ni d'insurrection. Les peuples ne se révoltent que lorsqu'ils sont au désespoir; les vôtres sont contens, parce que votre gouvernement, quelque absolu qu'il soit, est paternel. Continuez, sire, de les bien gouverner, & ne craignez rien de leur part; ils n'ignorent sûrement pas tout ce que la liberté coûte aux Français; ils ne peuvent la désirer à ce prix, & toujours ils préféreront votre règne équitable & pacifique, aux orages d'une révolution.

S'il étoit possible, sire, que vous prissiez à cœur de détruire un gouvernement libre, j'observerois à votre majesté que ce projet ne pourroit réussir; en voici les raisons : vos soldats sont, sans doute, supérieurs aux Français en tactique & en discipline; ils gagneront une bataille, peut-être, deux, trois, quatre; mais les Français apprendront ainsi à vaincre, vous serez, sire, leur maître en cet art, comme Charles XII le fut des Russes, qui n'avoient ni le courage, ni le civisme, ni l'intelligence, ni l'activité des Français; chaque bataille que vous gagnerez vous coûtera quelques milliers d'hommes; vous en perdrez beaucoup encore dans les petites guerres de poste, & par la désertion qui est facile dans une armée composée en grande partie de soldats de toutes les nations, & qui, presque tous, sont forcés. Vous ne pourrez réparer vos pertes qu'en tirant à grands frais de nouvelles recrues de chez vous, & mille soldats vous coûteront autant qu'aux Français cent mille : enfin, prenez garde, sire, qu'après quelques batailles gagnées, vous ne soyez dans le cas de dire comme Pyrrhus : *encore une victoire, & je suis perdu*. Souvenez-vous, sire, que les Anglo-Américains n'étoient qu'un ramas de toutes les nations, qu'ils étoient tous neufs dans l'art de la guerre, sans officiers, sans chefs, & que cependant l'amour de la liberté leur a fait vaincre les Hessois & les Hanovriens, les meilleures troupes du monde.

Quant à la France, les forces d'une nation armée pour sa liberté, sont incalculables, & ses ressources ne peuvent s'épuiser, sur-tout lorsqu'elle se défend dans ses foyers, lorſqu'une foule de ſes citoyens ſervent à leurs propre frais, & que la population de cette nation fait le quart de celle de l'Europe entière. Il n'y a plus de déſertion à eſpérer parmi les ſoldats français, parce que nulle part ils ne ſeront auſſi heureux que chez eux; & la fuite de leurs officiers qui, la plupart, ſont ineptes au ſervice, eſt pour eux un gain, au lieu d'une perte, car ils les remplacent par des officiers patriotes & inſtruits.

Mais, ſire, ſi vous craignez que l'inſurrection ne s'introduiſe dans vos états, vos troupes n'en pourront-elles pas prendre l'eſprit en France & le reporter dans leurs foyers? Ah, ſire, ſi votre majeſté ſavoit combien le ſeul mot de *Liberté* a d'attraits pour ces gens-là, elle redouteroit extrêmement de les envoyer à cette école; ceux qui déſerteront, & ceux qui ſeront faits priſonniers, prendront bientôt entre les mains careſſantes des Français une aſſez bonne idée de la liberté, pour en dédaigner tous les inconvéniens. De bonne foi, ſire, je ne vois que ce moyen d'inſurrection à craindre pour vous: laiſſez, laiſſez François II courir ſeul ce danger, & préparez-vous à tourner à votre profit toutes ſes ſottiſes.

Eſt-il donc vrai que dans la coalition des monarques contre la France, votre majeſté ſe ſoit chargée de ſeconder la maiſon d'Autriche, pour renverſer la conſtitution françaiſe, pendant que l'impératrice de Ruſſie ſe chargeroit de renverſer toute ſeule celle de Pologne, *conſeillée par votre majeſté, concertée avec elle & par elle garantie.* Si ce projet exiſte, je vous prie, ſire, de conſidérer, 1°. que vous aideriez ainſi la Cour de Vienne à s'emparer de la Lorraine & de l'Alſace, tandis que Catherine pourroit envahir la Pologne entière & la garder pour elle ; 2°. que la maison d'Autriche, toujours chagrine d'avoir perdu la Silésie, a toujours le projet de la réunir de nouveau à son empire ; 3°. que cette maison a une inimitié irréconciliable contre la Prusse sa rivale, & qu'elle a le plus violent desir de la réduire aux Etats qu'elle possédoit à la fin du siècle dernier. Votre majesté peut-elle d'ailleurs ignorer que le monarque Autrichien convoite toute l'Allemagne qu'il regarde comme son apanage ; il croit avoir autant de droits sur tous les Etats des princes de l'Empire, qu'en prétendoient autrefois les rois de France sur la Normandie, la Bretagne, la Bourgogne, &c. Ces projets ambitieux de la Cour de Vienne, n'échappèrent point au grand Frédéric, qui la surveilloit de près, & qui, pour réprimer cette ambition, saisit avidement la grande vue que lui présenta votre majesté, d'une ligue germanique, projet sublime qu'elle ne doit jamais négliger.

Si vous vous déclarez pour l'Autriche, dans sa guerre contre la France, vous perdrez, sire, l'avantage d'être le chef d'une grande partie de l'Allemagne ; vous ne serez plus regardé comme le protecteur des priviléges de l'Empire, mais seulement comme le jouet de l'ambition de la maison d'Autriche & de celle de son ministère.

Les vues d'aggrandissement de votre majesté, doivent se porter sur la Bohême, sur la Moravie, & sur les trois principautés de la Silésie qui restent encore à la maison d'Autriche ; ces Etats conviennent à votre majesté, ils lui appartiendront quand elle le voudra ; & les princes d'Allemagne, bien loin de désapprouver cette conquête, y applaudiroient, parce qu'ils se verroient plus en sûreté pour leurs propres Etats, lorsque l'aggrandissement de la monarchie prussienne pourroit balancer la trop grande puiſſance de l'Autriche; mais ſi vous vous réuniſſez, ſire, dans la guerre actuelle, avec cette puiſſance; ſi celle-ci triomphe, ſi elle s'empare de la Lorraine & de l'Alſace, comment enſuite pourrez-vous lui réſiſter ? Elle vous preſcrira des lois; elle vous dépouillera de la Siléſie; elle vous réduira à ne plus jouer qu'un rôle ſubalterne parmi les ſouverains, & vous n'aurez plus de reſſource dans la France, que vous aurez ruinée, & qui eſt véritablement la ſeule grande puiſſance qui ſoit auſſi intéreſſée à votre aggrandiſſement, qu'à l'affoibliſſement de la maiſon d'Autriche.

Par votre alliance monſtrueuſe avec les cabinets de Vienne & de Pétersbourg, vous laiſſeriez, ſire, à ce dernier, la faculté de conquérir ou de ruiner la Pologne; eſt-il de votre intérêt qu'elle ſoit ruinée? Votre majeſté ne voit-elle pas que ce Royaume, par ſa poſition, eſt ſon allié néceſſaire; qu'en acquérant par ſa nouvelle conſtitution une conſiſtance plus aſſurée, elle lui devient de la plus grande utilité, & que, dès que l'ordre & la paix ſeront rétablis dans ſes foyers, elle pourra déployer des forces réelles en votre faveur, ſire, puiſqu'elle a beſoin de vous pour réſiſter à la Ruſſie & à l'Autriche: il eſt donc impolitique & dangereux pour votre majeſté, de permettre le renverſement de la nouvelle conſtitution de la Pologne, qui eſt réellement avantageuſe à vos intérêts, & qui, je le répète, n'a été faite que de concert avec vous.

On prétend auſſi que vous êtes convenu, ſire, avec l'Autriche & la Ruſſie, de faire entre vous un nouveau partage de la Pologne; ce projet ſeroit déſaſtreux pour votre majeſté, voici pourquoi: par ce partage, vos Etats, ſire, ne ſeroient plus ſéparés de ceux de la Ruſsie, puissance la plus dangereuse par sa vaste ambition, qui ne tend à rien moins qu'à envahir toute l'Europe. La Russie, en trompant l'Autriche, comme elle l'a fait si souvent, se réuniroit avec elle contre vous, comment pourriez-vous résister à ces deux ennemis? Et quelle puissance pourroit voler à votre secours, lorsque la France & la Pologne seroient ruinées? Il est donc de la plus grande importance pour vous, sire, que vos Etats restent séparés de ceux de la Russie par une puissance neutre, telle que la Pologne, assez forte pour être votre alliée utile, & pas assez pour vous inquiéter. Il importe qu'entre la Prusse & la Russie il existe, comme entre celle-ci & la Chine, un grand espace qui puisse servir de barrière à l'insatiable ambition du cabinet de Pétersbourg.

D'ailleurs, dans ce nouveau partage de la Pologne, vous n'auriez, sire, vraisemblablement que la moindre portion, & quelle que fût celle qui vous échoiroit, elle ne vous donneroit pas de forces suffisantes pour résister, je ne dis plus à ces deux puissances réunies contre vous, mais seulement à une seule des deux.

Permettez-moi de vous observer, sire, que le rapport de vos forces à celles de la Russie, est comme un à cinq, puisque la Russie a 30 millions d'habitans, & que le rapport entre vous & l'Autriche, est comme un à trois & demi, puisque la population des Etats Autrichiens est de 19 à 20 millions d'habitans, & que les revenus de cette couronne sont de 94 millions de florins. Or, si en partageant la Pologne, ces rapports restent les mêmes, & si, comme il y a lieu de le craindre, ces rapports devenoient plus fâcheux pour vous, il y auroit raison de prévoir que votre puissance disparoîtroit dans peu d'années de la surface politique de l'Europe.

En un mot, sire, vous avez tout à espérer de la prospérité des Français & des Polonais, en protégeant efficacement leurs nouvelles constitutions; vous avez tout à craindre de l'Autriche & de la Russie, en vous privant des secours de la Pologne & de la France; & si vous persistiez dans vos intentions supposées contre ces peuples, vous préféreriez donc les perfides conseils d'hommes qui auroient la vue très-courte, ou qui seroient bien corrompus? *Signé*, D. E. T.

LETTRE

Au Duc de BRUNSWICK, *relativement à son Manifeste contre la France.*

Le 4 Août 1792.

MONSEIGNEUR,

J'AI adressé le 18 juin dernier, au roi de Prusse, une lettre sur les intérêts de sa majesté envers la France & la Pologne; le manifeste qui vient de paroître contre la Nation française, sous le nom de votre altesse sérénissime, me détermine à vous envoyer, monseigneur, copie de la lettre susdite, & à l'accompagner de quelques réflexions que me dicte le zèle le plus pur pour les intérêts de votre gloire.

Ce manifeste ne peut pas être de vous, monseigneur, il est trop impolitique, trop peu convenable aux circonstances, trop indigne du souverain le plus éclairé de l'Allemagne & de l'Europe entière; cet écrit ne peut avoir été imaginé que par les têtes si fécondes en sottises de la cour des Tuileries. Un acte si intéressant pour tous les peuples, & qui devoit être adressé à une Nation si riche en hommes d'esprit, qui savent aussi bien écrire que penser & parler; un pareil acte, dis-je, exigeoit un style & des idées dignes de la grandeur & de la prudence des princes alliés contre la France. Cet acte ne devoit contenir ni injures, ni calomnies, & moins de menaces. Cette grande cause devoit être plaidée avec un art, dont les auteurs du manifeste n'ont vraisemblablement aucune connoissance ; enfin cet acte, qui n'ose se montrer que clandestinement, est si singulier, qu'il seroit ridicule d'en entreprendre la réfutation ; ainsi je l'oublie, pour ne m'occuper que des grandes hostilités que votre altesse sérénissime doit, dit-on, diriger contre la France.

J'ai passé une grande partie de ma vie dans l'état militaire, en voyages, & principalement dans les états du nord ; il est inconcevable pour moi, qui ai connu personnellement les princes, les grands, les ministres, qui ont joué, & ceux qui jouent les principaux rôles dans ces contrées, qu'ils aient pu se laisser séduire par les princes français & par les émigrés de cette nation, qui sont si généralement renommés par leur ignorance, par leur immoralité, par leurs désordres de toute espèce, & sur-tout par leur orgueilleux dédain pour les étrangers ; comment des sots ont-ils pu égarer le jugement de tant de sages, même le vôtre, monseigneur, puisque vous avez accepté la commission de servir leur cause à la tête des armées réunies des maisons d'Autriche & de Brandebourg ? Vous avez donc tous été trompés par ses mécontens ? sans doute ils vous ont fait accroire que la France étoit déchirée par des factions, & que la guerre civile éclateroit dans toutes ses provinces, aussitôt que les troupes étrangères attaqueroient ses frontières. En vous assurant, avec vérité, qu'ils avoient des intelligences à la cour de Louis XVI, dans tout le royaume, & sur-tout dans les villes fortes, dont les commandans & les officiers ne manqueroient pas de livrer les forteresses aux troupes allemandes, ces émigrés auroient dû vous dire aussi, qu'il existoit dans toutes ces places, des municipalités, des magistrats du peuple, remplis de zèle pour le nouvel ordre de choses, & qui surveilloient jour & nuit ces commandans, ces officiers, dont ils rendoient les tentatives inutiles.

Ils vous ont bien trompé, monseigneur, ces émigrés, en vous disant que vous n'auriez à combattre qu'une poignée de factieux; cette poignée consiste dans les 19 vingtièmes de la nation, éprise du plus violent amour pour une nouvelle divinité, à laquelle les français donnent le nom de *Liberté*; les pères & les fils, les filles & les femmes font, à cette idole, toutes sortes de sacrifices; chacun offre sa fortune & ses bras pour la défense de sa patrie; chacun souffre gaiement pour elle les fatigues, la misère & la mort.

La révolution, qui a mis la couronne britannique sur la tête du Prince d'Orange, avoit fait en Angleterre un grand nombre de mécontens; un quart de la nation étoit pour Jacques Stuart. Pendant la révolution des Anglo-américains, un tiers des habitans étoit pour la métropole; cependant une foible majorité fut assez forte pour soutenir la révolution dans ces deux états; comment donc celle de France ne se soutiendroit-elle pas avec une majorité qui est presque une unanimité?

Je ne suis, Monseigneur, ni Allemand, ni Français, ni Démocrate, ni Aristocrate; étranger à tous les partis, je vois les objets sans partialité; calme au milieu des orages, j'examine tout avec une raison froide & sans nuages; ami des hommes en général, j'ai une véritable estime pour la plupart des Princes du nord, parce qu'ils se conduisent bien autrement que ceux du midi; j'ai une vénération particulière pour V. A. S. & j'ose lui affirmer que l'entreprise dont elle s'est chargée, est au-dessus des forces humaines.

Vous avez mérité, monseigneur, la plus brillante réputation, comme capitaine; vous en avez mérité une plus flateuse, comme souverain, en gouvernant vos peuples avec une sagesse admirable; ne risquez pas, monseigneur, de flétrir vos lauriers, de perdre votre gloire, d'effacer du temple de mémoire un nom qui doit y rester comblé d'honneurs & de bénédictions, si vous ne l'obcurcissez pas par une guerre de tyrans, aussi injuste qu'impolitique, puisqu'elle a pour but essentiel, ainsi que le remarque très-judicieusement, le sage régent de la Suede, d'*élever de nouvelles barrières entre les trônes & les peuples*.

Le meilleur moyen pour les Princes étrangers de préserver leurs États de ce qu'ils nomment le *mal français*, c'est de réformer les abus de leurs administrations, d'abandonner les français à eux-mêmes, & de les laisser vuider leurs querelles entr'eux; le plus sûr moyen aussi pour ces Princes d'attirer des révolutions dans leurs états, c'est de prendre part à celle de france, & d'envoyer à cette école leurs soldats, qui bientôt y prendront des principes révolutionnaires, comme déserteurs ou comme prisonniers, & les reporteront chez eux.

Seroit-ce le désir de venger la royauté outragée, qui auroit déterminé cette coalition de Potentats contre les Français? Il est trop tard, monseigneur; s'il y avoit quelque tentative à faire à ce sujet, c'étoit dès les premiers instans de la révolution, lorsque le plan n'en étoit qu'ébauché, avant que l'opinion publique à cet égard fût formée, avant que le peuple connût ses droits

& ſes forces, avant qu'il fût engoué de ſa nouvelle idole. La royauté, toujours digne du plus profond reſpect dans les monarques eſtimables, fut outragée dans tous les pays, lorſque ceux qui en étoient revêtus ſe rendirent mépriſables par leur inconduite, haïſſables par leur tyrannie, lorſqu'ils préférèrent l'indolence au travail, l'arbitraire à la juſtice, la violence à la modération, le vice à la vertu. Il n'eſt arrivé à Louis XVI, à ſa femme, aux Princes de ſa maiſon, que ce qui étoit déja arrivé à une foule d'autres ſouverains qui avoient avili, comme eux, leur rang auguſte par toutes ſortes d'excès & de turpitudes. Croyez-vous, monſeigneur, que les Français ſi doux, ſi exceſſivement idolâtres de leurs Rois, vous euſſent jamais manqué de foi, de ſoumiſſion & d'attachement, ſi vous euſſiez été aſſis ſur leur trône ?

Vous avez viſité, monſeigneur, les différens États de l'Europe; à votre retour de France, où vous avez été juſtement admiré & chéri, où vous aviez obſervé les princes, les grands & les miniſtres, vous avez dit, que *la cour de Verſailles étoit le ſéjour de tous les vices, de tous les déſordres*; comme vous avez dit des États du roi de Sardaigne, que c'étoit le pays où vous aviez vu *les places les plus fortes, & les troupes les plus mauvaiſes, les plus mal diſciplinées;* comment donc pourriez-vous eſtimer aujourd'hui ces mêmes perſonnages, que vous avez ſi juſtement mépriſé, lorſque vous les avez vu de près !

Depuis que vous êtes dans le voiſinage de la France, comment n'avez-vous pas encore reconnu, monſeigneur, qu'on vous en a impoſé, en vous aſſurant que la guerre civile y commenceroit, dès que vos troupes en approcheroient ? Comment ignorez-vous encore que depuis

la

la révolution, les Français n'ont pas été plus unis, plus énergiques, plus patriotes, que depuis qu'ils ont vu vos armées s'avancer sur eux ? Semblables aux Romains qui mirent à l'enchère les champs où campoit Annibal, les Français ont acheté très-chèrement les biens nationaux situés dans les contrées qui doivent être foulées par vos légions, dans le cas où vous voudriez réaliser le très-grand projet de venir à Paris ; ce fait mérite votre attention, monseigneur, daignez observer aussi que les plus vigoureux décrets de l'Assemblée nationale ont été rendus depuis qu'elle a sçu votre arrivée sur ses frontières ; que les Parisiens, bien loin d'être intimidés par les horreurs dont on les menace, s'ils mécontentent leur Roi, discutent tranquillement sa déchéance dans leurs comités ; que sur les quarante-huit sections de la Capitale, quarante-sept ont déjà présenté leur vœu pour cette déchéance à l'Assemblée nationale, & que ce redoublement d'énergie annonce que votre entrée en France, monseigneur, bien loin de faire tomber les Français aux pieds de Louis XVI, ne pourroit que précipiter le détrônement de ce Prince.

Si l'on vous instruisoit avec fidélité, monseigneur, des dispositions du Peuple Français, on vous diroit que ce Peuple, continuellement trompé & travaillé par les émissaires du château des Tuileries, & mainte-fois au moment de donner dans les piéges qu'on lui tendoit pour le perdre, en lui faisant commencer la guerre civile, il a suffi, chaque fois, d'un seul mot de son magistrat pour l'arrêter, pour le faire rentrer dans l'ordre.

Les Parisiens étoient fort ennuyés d'être privés, depuis plusieurs semaines par Louis XVI, de la promenade du jardin des Tuileries ; ils étoient excités par les malveillans d'en forcer les portes ; ils alloient le faire ; un mot de leur Magiſtrat les a fait retirer. On leur a depuis rendu par décret, la jouiſſance d'une terraſſe de ce jardin, qui eſt contigüe à la ſalle de l'Aſſemblée nationale ; auſſitôt le Roi piqué, a voulu rendre la jouiſſance du jardin entier, le Peuple l'a refuſé ; il a ſéparé la terraſſe du reſte du jardin par un ſimple ruban qui ſert de barrière, & que chacun reſpecte.

Ces détails exacts, qui font connoître le grand caractère de cette Nation, vous prouvent en même temps, monſeigneur, que ce Peuple n'eſt point indocile, & qu'il obéit facilement à une autorité légitime qui ſait commander.

Depuis quelques jours la voix publique ne ceſſe de répéter que vous vous propoſez, Monſeigneur, de venir dicter des loix à la France, au ſein même de ſa Capitale : V. A. S. ne croit pas ſans doute qu'on puiſſe faire trembler Paris comme Berlin, avec un petit corps de troupes, tel que fut celui de Hadick ? & comment, n'ayant en votre pouvoir aucune place forte, aucun magaſin dans l'intérieur du Royaume, une grande armée pourroit-elle y ſubſiſter ? Eſt-ce en fourageant comme nous le fîmes pendant la guerre de ſept ans, en Bohême, dans la Siléſie, la Saxe, la Luſace ? Mais, Monſeigneur, les fourageurs Pruſſiens & Autrichiens, ainſi que les vôtres, n'avaient rien à craindre de la part des payſans de l'Allemagne, accoutumés depuis ſi longtems à ces avanies, & toujours tremblans à la voix & ſous le bâton des ſoldats ; il n'en ferait pas de même des Français, qui n'ont jamais éprouvé ces brigandages, & qui, depuis le 14 juillet 1789, ne ſeraient pas d'humeur de les ſouffrir. Les habitans des campagnes, réunis à ceux des villes, armés de toutes pièces, & conduits par leurs Officiers Municipaux, tomberaient sur vos fourageurs, les tueraient, ou plutôt ils en favoriseraient la désertion, pour laquelle les troupes Allemandes & sur-tout les Prussiennes ont beaucoup de penchans. Eh! Monseigneur, combien ce penchant doit augmenter, depuis le Décret qui leur assure la liberté, la fortune & le bonheur en France! ce Décret doit vous faire faire de sérieuses réflexions. Vous seriez donc obligé, Monseigneur, de traîner avec votre artillerie, une multitude de chariots chargés de vivres & de fourages, qui tiendraient un espace de plus de deux lieues, & ce convoi, excessivement dispendieux, exposé sur la route au pillage, à l'incendie, au massacre, affoiblirait beaucoup votre armée.

Supposons que vous parvinssiez, Monseigneur, à amener une grande armée à Paris, votre tâche ne serait pas remplie; vous y trouveriez au moins un million d'hommes robustes & bien armés, parce que Paris, par sa consommation, faisant vivre les habitans de vingt lieues à la ronde, ils ont le plus grand intérêt de voler à son secours, & de lui porter des subsistances qui vous manqueraient. 200 mille hommes ne vous suffiraient pas pour empêcher cette communication avec une ville de si grande étendue; que de risques vous courriez, Monseigneur, au milieu de ce peuple immense, enivré du fanatisme de la liberté! & ne pourrait-il pas s'y trouver quelque Scévola? à coup sûr, Monseigneur, les Français ne ressembleraient point à ceux que vous avez battus autrefois, ni à vos dociles & paisibles Allemands.

Je suppose encore, Monseigneur, que vous soumettiez les Parisiens, cela ne suffirait pas pour opérer une contre-révolution en France; car pendant que vous les enchaîneriez, les autres Départemens vous prépareraient des fers; *votre retraite pourrait devenir plus difficile que celle des dix mille de Xénophon*, & vous pourriez y perdre l'honneur & la vie. On peut supposer aussi la défaite de vos armées, par des combats & des désertions; & dans ce cas, les pertes de la Prusse ne seraient-elles pas infiniment plus grandes & moins réparables que celles de l'Autriche, & ne resterait-il pas à celle-ci assez de ressources pour profiter de la faiblesse de sa rivale, & pour se dédommager de ses propres pertes en lui reprenant la Silésie?

Monseigneur, j'ai dit au roi de Prusse, que la France & la Pologne étaient ses alliées naturelles & nécessaires; déjà pour avoir dédaigné mes conseils, la Pologne ne peut plus lui être utile. S'il étoit possible que V. A. S. ruinât la France, la Prusse n'aurait plus aucun secours à espérer en cas de besoin, & les Cours de Vienne & de Pétersbourg partageraient ses dépouilles quand il leur plairait.

Monseigneur, les circonstances actuelles offrent de grandes & brillantes destinées au Souverain le plus sage, le plus éclairé, le plus estimé de l'Europe; ne risquez pas de perdre dans un moment malheureux, des avantages incalculables. Croyez à un homme éclairé par l'âge, la réflexion & l'expérience, sur les vrais intérêts actuels des Princes de l'Europe, & particulièrement sur les vôtres; renoncez à une entreprise qui n'est fondée que sur des renseignemens infidèles, sur les faux calculs de passions aveugles, sur l'abominable espérance d'une guerre civile qui ne peut avoir lieu, parce qu'il est impossible à ceux qui la désirent d'armer en leur faveur un peuple idolâtre de la liberté, & que des Prêtres, des Nobles, des gens de robe & de plume, ne ſont point des inſtrumens propres à l'exécution d'un pareil projet ; renoncez donc, Monſeigneur, à des tentatives qui reſſembleraient à celles de Dom Quichotte, & qui terniraient votre réputation.

Enfin, Monſeigneur, ne dédaignez pas les conſeils d'un homme qui ne fut jamais courtiſan de perſonne, qui ne vous demande rien pour lui-même ; qui vous aime, parce qu'il vous a connu perſonnellement, qui ne craint que de vous voir égaré ſur une fauſſe route, & qui voudroit de tout ſon cœur vous voir prendre celle du bonheur que vous pouriez partager avec des millions d'hommes.

Je ne puis, & ne dois pas m'expliquer plus clairement avec un Prince qui a autant de lumières que vous, Monſeigneur, & je ſuis heureux, ſi les vérités contenues dans cette lettre, diſſipent les nuages qui ſemblaient obſcurcir le vaſte horizon de votre heureux génie.

SECONDE LETTRE AU DUC DE BRUNSWICK.

Le 11 août.

MONSEIGNEUR,

Je vous ai dit dans ma précédente, que les émigrés, les plus lâches des hommes, avoient trompé votre altesse sérénissime, en lui persuadant qu'elle pouvoit intimider les Français, & sur-tout les Parisiens, par de violentes menaces.

Je vous ai observé, monseigneur, que l'Assemblée Nationale de France, quoiqu'en partie corrompue par la liste civile, avoit rendu les décrets les plus vigoureux, & que l'énergie des troupes Françaises s'exaltoit de plus en plus, à mesure que les armées ennemies s'approchoient de leurs frontières, & depuis qu'on connoissoit votre manifeste en France.

Je vous ai prédit, monseigneur, que vos menaces ne feroient qu'incendier les têtes des Français, qu'allumer davantage leur courage, & que compromettre la sûreté de Louis XVI : cette prédiction est accomplie ; & vous allez juger, qui des émigrés ou de moi, vous a dit la vérité ; qui d'eux ou de moi, vous a témoigné plus d'estime & d'intérêt pour votre gloire.

Dès-que vos nouvelles notes ont été connues à Paris, monseigneur, la fermentation y est devenue terrible. Le peuple est devenu furieux contre la cour, & a demandé à grands cris la déchéance du Roi, chef de tous ses ennemis. La cour a d'abord cherché à calmer les esprits, en faisant dénoncer à l'Assemblée Nationale votre manifeste comme apocryphe ; mais l'opinion publique, déjà formée, vous accusoit, monseigneur, d'avoir signé cet acte & son supplément, & le lénitif de la cour, regardé comme une nouvelle imposture insidieuse, n'a fait qu'augmenter la défiance & le mécontentement général : dès que la cour s'en est apperçu, elle a résolu d'exécuter son projet, tant de fois manqué, depuis trois ans, de faire massacrer les Parisiens, & de faire mettre le feu au quatre coins de leur ville; elle comptoit pour le succès de cette nouvelle conspiration, sur dix-huit cents gardes du corps licenciés, sur une multitude de chevaliers-poignards & de prêtres fanatiques; sur les bataillons des gardes nationaux des filles Saint-Thomas, & d'Henry IV, sur la plupart des officiers de cette garde, & sur deux mille suisses, parfaitement exercés & disciplinés.

Le dix du courant, à sept heures du matin, le Roi qui avoit rassemblé son armée dans le jardin des Thuileries, en a fait la revue, il a passé dans tous les rangs, il a fait distribuer du vin & de l'argent à ses satellites; il les a exhortés à massacrer le peuple qui venoit demander leur expulsion de Paris, & la déchéance du trône pour lui-même. Les satellites ont répondu par des cris de *vive le roi, au f. . . . . la Nation*; une partie du peuple, témoin de cette revue & de ces imprécations, a répliqué par des cris de *vive la Nation, vive Pétion, périssent les traitres.* Intimidé par ces cris, le Roi est rentré dans son palais avec ses courtisans; une partie de son armée est restée dans le jardin, avec des canons chargés à mitrailles; une autre partie des royalistes s'est fortifiée dans le château, les suisses se sont retirés dans les cours où étoient leurs canons & leurs casernes, qui n'existent plus, parce qu'elles ont été brûlées hier: enfin, le Roi suivi de quelques courtisans, s'est réfugié avec sa famille, dans la salle de l'Assemblée Nationale, où sans approbation ni murmures, on lui a donné une tribune pour retraite : M. d'Affri, commandant des suisses, qui avoit accompagné le Roi, lui a demandé, en le quittant, *Sire, est-ce votre dernier mot, oui*, a répondu le Roi : *allez, faites votre devoir.*

Les Parisiens, au nombre d'environ deux cens mille, formés en bataillons composés de gardes nationaux, & d'hommes à piques, sont arrivés au carousel & aux champs-élisées; des suisses, sous l'apparence de l'amitié les ont abordés, les ont embrassés, & leur ont conseillé de forcer les portes du château, en leur promettant de se joindre aussi-tôt à eux ; les patriotes ont suivi ce perfide conseil, aussi-tôt une décharge de toute l'artillerie royale a fait un horrible carnage, c'étoit le dernier mot du roi, *ultima ratio regum.* Les patriotes, furieux de cette infâme trahison, ont à l'instant riposté par plus de cent mille coups de fusil, & de plus de 50 pièces de canons, braqués sur le château dans le carousel, sur le pont-royal & dans la place de Louis XV. Les suisses se sont défendus comme des lions, ils ont pendant plus d'une heure, fait un feu continuel par les croisées du château, & par des trous pratiqués exprès dans leurs casernes; mais à l'exception de cent cinquante qui sont en prison, & qui doivent être jugés par une cour martiale, tout le reste a été massacré, ainsi que les royalistes qui étoient dans le château & dans le jardin, excepté beaucoup d'officiers qui se sont sauvés. Enfin tous les meubles de l'appartement de la reine, ont été brisés & jettés par les fenêtres.

Je vous observe, monseigneur, que l'armée des Parisiens étoit sans chef, & que, pour préserver leur maire chéri, de tout accident, de toute responsabilité pendant cette nouvelle révolution, ils avoient pris la précaution, la veille de le suspendre de toutes fonctions, ainsi que le Procureur, de la Commune, qu'ils leurs avoient donné une garde sûre de quatre cens hommes dans l'hôtel de la mairie, & qu'ils les ont rétablis dans leurs fonctions, dès que la crise a été passée. Ce trait donne à cette révolution un caractère unique de grandeur qui doit vous faire une forte impression, monseigneur, & voici d'autres faits qui ne sont pas moins admirables.

Tout ce qu'il y avoit de richesses en or, en argent, en diamans, en monnoies & en assignats, dans le château des Thuileries, a été porté, partie à l'Assemblée nationale, & partie dans les bureaux voisins des sections, qui en ont donné leurs récépissés à l'Assemblée; & par qui ces actes de fidélité ont-ils été faits? c'est précisément, monseigneur, par cette classe d'hommes que les nobles appellent la *canaille*, & que maintenant on nomme les *Sans-Culottes*.

La famille royale a été témoin qu'un de ces hommes de travail, a apporté sur le bureau de l'Assemblée, un sac de 800 livres en écus; il a demandé en grace qu'on comptât tout-de-suite ce qui étoit dans le sac, afin que le roi, présent, pût attester sa fidélité.

Un autre ouvrier a apporté de la vaisselle d'argent; un autre, un porte-feuille contenant pour dix-huit-cents mille livres d'assignats: un autre a apporté une montre d'or à répétition, avec vingt-sept louis d'or qu'il avoit trouvés dans les poches d'un officier suisse qu'il avoit tué. Il faudroit un volume pour recueillir tous les faits de ce genre, qui ont éclaté au milieu de tant d'horreurs.

Sans doute il étoit impossible qu'il ne se trouvât des

pillards dans une si grande foule, mais au milieu du plus grand désordre, la police se faisoit, & la justice se rendoit par ces mêmes Sans-Culottes, mieux qu'elles ne le furent jamais dans les temps les plus tranquiles par les agens du gouvernement sous l'ancien régime. Plus de cinquante voleurs, pris en flagrant délit, ont été, sur le champ, tués ou pendus aux réverbères, & leurs vols portés à l'Assemblée. Ce même peuple continue de faire la chasse la plus vigoureuse aux brigands, dont la cour avoit infesté la capitale, en leur promettant le pillage des maisons des Patriotes.

On met les scellés, & l'on fait les recherches les plus exactes dans les maisons royales, & dans celles des anciens ministres, des fonctionnaires publics & royalistes, & d'autres gens suspects. On a trouvé dans le secrétaire du roi, & dans les papiers de l'intendant de la liste civile, les mémoires de ce que Louis XVI a dépensé pour Coblents, pour fomenter les troubles dans le royaume, pour faire imprimer des écrits incendiaires, pour contrefaire, falsifier & discréditer les assignats.

Les statues des anciens rois de France sont brisées, elles vont être converties en canons, pour soutenir la liberté française, & les places publiques de cette nation ne seront plus décorées que de ses vertus & de ses triomphes. Voilà, monseigneur, des actes qui passeront à la postérité.

Poussé par la curiosité, j'ai voulu être témoin de tout ce dont je vous instruis, monseigneur; j'ai vu, un instant avant le combat, une demoiselle aimable & jeune encore, un sabre à la main, montée sur une pierre, & je l'ai entendu haranguer, la multitude ainsi qu'il suit.

Citoyens! .... l'Assemblée Nationale a déclaré que la

Patrie étoit en danger, qu'elle étoit dans l'impuissance de la sauver, que son salut dépendoit de vos bras, de votre courage, de votre patriotisme; armez-vous donc, & courez au château des Thuileries : c'est-là que sont les chefs de vos ennemis, exterminez cette race de vipères, qui de puis trois ans ne fait que conspirer contre vous; songez que dans huit jours vous serez exterminés, si vous ne remportez pas aujourd'hui cette victoire; choisissez, entre la vie ou la mort, la liberté ou l'esclavage; respectez l'Assemblée Nationale, respectez les propriétés, faites justice vous-mêmes des pillards, & partons.

Aussi-tôt des milliers de femmes se sont précipitées au milieu de la mêlée, les unes avec des sabres, les autres avec des piques, j'en ai vu plusieurs, tuer elles-mêmes des suisses, d'autres encourageoient leurs maris, leurs enfans, leurs frères. Plusieurs de ces femmes ont été tuées, sans que les autres en fussent intimidées? je les ai entendu s'écrier ensuite : *qu'ils viennent ces prussiens, ces autrichiens, nous perdrons beaucoup de monde, mais pas un de ces J. F. ne s'en retournera.*

Et vous compteriez sur de pareilles femmes, monseigneur! Combien je vous ai désiré hier à côté de moi, afin que vous connussiez l'intrépidité de ces Parisiens, des Marseillois, des Brestois & de leurs héroïnes! Vous seriez maintenant fortement indigné contre vos protégés. Au surplus, ces récits ne doivent point vous étonner, monseigneur, si vous vous rappelez que la veille de la prise de la Bastille, ces mêmes Parisiens, sans armes, ont mis en fuite l'armée royale de Broglie, forte de trente mille hommes au moins, & munie de l'artillerie la plus formidable.

Respectez, monseigneur, une pareille Nation; ne la

traitez pas comme une poignée de brigands, & désavouez les outrages que vous lui avez adressées.

La famille royale est restée dans la salle de l'Assemblée jusqu'à trois heures du matin, qu'on la conduite dans un appartement voisin, en attendant que celui du Temple fût préparé pour la recevoir, & elle y a été transportée au milieu des huées du Peuple. Cette famille a été témoin de nouvelles accusations contre elle, de ce qu'on a décrété pour la dépouiller de tout moyen de nuire, & des précautions qu'on a prises pour prévenir & empêcher les trahisons qu'elle avoit préparées dans l'armée, dans les places fortes, & dans les corps administratifs.

Tels sont les effets qu'a produit votre manifeste, monseigneur & le supplément; croyez-vous que la famille royale de France & les émigrés vous aient de grandes obligations? L'événement d'hier a beaucoup diminué le nombre des royalistes; s'il y en a encore dans Paris, certainement ils n'oseront plus se montrer; d'ailleurs la royauté dépouillée de la liste civile, n'a plus d'attraits pour ces gens-là.

Je vous le repète, monseigneur; je ne conçois pas qu'on ait pu vous déterminer à défendre une si mauvaise cause, & à signer des écrits aussi impolitiques, aussi indécens; il est encore temps, reconnoissez les erreurs dont on vous a enivré, & désavouez vos menaces outrageantes; on ne parle point un pareil langage à une Nation de vingt-sept millions d'hommes, dont plus de six millions sont armés. A une Nation pleine d'énergie, d'honneur, de lumières, & d'un orgueil bien placé. En entendant vos menaces, monseigneur, on seroit tenté de croire que vous aviez déjà gagné sept ou huit batailles, & pris trois ou quatre places fortes en France. Ce n'étoit pas ainsi que parloit Alexandre après sa victoire d'Arbelles; dans leurs harangues énergiques, les Romains ne parloient qu'avec ménagement à leurs ennemis. Un héros, même au sein de la victoire, ne doit s'expliquer qu'avec dignité, il doit éviter les fanfaronades deshonorantes; c'est toujours une folie d'insulter une Nation; c'est une démence de l'insulter avant de l'avoir vaincue; c'est une bassesse de l'insulter après.

Celui qui vous parle ainsi, monseigneur, a plus de cinquante ans; il est sans passion, sans partialité; il a fait la guerre sanglante de sept ans; il connoît l'art militaire; il connoît les hommes; il a vu, il a observé, il connoît parfaitement tout ce dont il vous entretient. Il affirme à votre altesse sérénissime, comme une vérité de la plus haute importance pour sa gloire, que la cause qu'elle veut défendre, est excessivement mauvaise; qu'elle ne l'a embrassée que par erreur; que ses spéculations hostiles ne sont fondées que sur des mensonges, des absurdités, des injustices, sur les idées les plus fausses du caractère de la Nation Française, de ses hommes, de ses femmes, de ses jeunes gens, de ses vieillards, qui tous, méprisent les blessures & la mort.

Désillez vos yeux, monseigneur, & désillez ceux des despotes que vous servez. C'est le génie tutélaire des Nations qui conduit la révolution qu'on vient d'achever à Paris; ce génie de la justice ne veut pas que des peuples entiers soient impunément opprimés par une poignée de tyrans; il veut venger les crimes des grands; il veut effrayer, par un grand exemple, ceux qui seroient tentés à l'avenir de suivre leurs traces.

Pour toute sorte d'intérêts publics, & sur-tout pour les vôtres, monseigneur, ne dédaignez pas mes conseils ; bien loin d'obliger les émigrés, vous leur feriez perdre toute ressource. Au lieu d'opérer une contre-révolution en France, vous pourriez fomenter des révolutions dans toute l'Europe ; en croyant servir la royauté, dont Louis XVI vient d'ouvrir le tombeau, il se pourroit que vous lui portassiez le coup le plus mortel : enfin, loin de vous couvrir de gloire, vous pourriez perdre, avec la vie, la haute réputation que vous avez acquise, & ne laisser à la postérité qu'un nom couvert d'opprobre. Tels sont les dangers auxquels vous vous exposeriez, monseigneur, en suivant de mauvais conseils ; puissai-je être assez heureux pour vous les faire éviter.

LETTRE
AU ROI
DE SARDAIGNE.

Paris, le 1er Septembre 1792.

SIRE,

VOTRE maison qui règne depuis 792 ans, n'a eu ni tyrans, ni princes doués d'un grand caractère, à l'exception de Victor-Amédée, votre ayeul, & le premier roi de votre race, qui réunissoit au cœur le plus magnanime, le génie le plus entreprenant; talens & qualités avec lesquels ce prince auroit pu opérer une grande révolution dans le systême politique de l'Europe, si les circonstances avoient secondé ses desseins hardis.

La plupart de vos ancêtres, sire, ont plus brillé par leur intrépidité, par leur capacité pour le commandement des armées, par l'art de traiter avec dextérité les affaires étrangères, & par leur modération dans l'exercice de leur autorité, que par la sagesse de leur gouvernement; car jamais on ne regardera comme sage, un gouvernement qui ne fut point fondé sur une constitution capable de garantir aux gouvernés la jouissance de leurs droits naturels; un gouvernement, où les loix, les impôts & toutes les institutions blessoient la propriété des biens, la liberté des actions, la sûreté de la vie, de l'honneur & de la réputation ; un gouvernement enfin, où toutes les parties de l'administration étoient dirigées en sens contraire aux principes de la science de l'économie politique.

Ce ne fut donc, sire, que par des talens & des qualités personnelles, que quelques chefs de votre maison surent mériter, même avant l'accroissement de domination qu'ils ont obtenu dans ce siècle, l'estime, la confiance & la considération de quelques grandes puissances de l'Europe, qui les choisirent pour médiateurs dans leurs traités de paix ; & ce fut parce qu'ils avoient des principes d'humanité, dans les siècles barbares de la féodalité, que quelques peuplades voisines se donnèrent à eux pour qu'ils les protégeassent contre les brigands & féroces châtelains qui les désoloient. Ces princes, avec des états très-bornés, surent amasser des trésors, en évitant les dépenses inutiles, & en épargnant sur leurs revenus ; mais leur sol, d'une fertilité prodigieuse, les auroit enrichis bien davantage, & ils auroient enrichis leurs sujets, au lieu de les appauvrir, s'ils avoient été capables d'une bonne administration.

Vos ancêtres, sire, suivirent constamment un plan d'aggrandissement, mais ce ne fut qu'en se contentant d'ajouter à leurs domaines ; ceux que leur donnèrent quelques potentats en reconnoissance des services qu'ils leurs avoient rendus ; jamais ils n'eurent de plus grande vues ; aucun d'eux n'eut l'ambition d'acquérir une puissance suffisante pour n'avoir plus à craindre de forces supérieures ; & tous, excepté votre ayeul, sire, manquèrent de l'énergie nécessaire pour sortir du rang inférieur que vous occupez encore parmi les souverains.

Quatre

Quatre fois, sire, votre maison a manqué l'occasion de devenir une puissance du premier ordre :

La première s'est présentée à Amédée VI, surnommé le *Comte-Verd* ; ce prince auroit pu devenir un grand monarque, s'il avoit su profiter de la détresse où la France étoit pendant l'emprisonnement du roi Jean.

Si, deux siècles après, Charles III. avoit eu moins d'érudition, de superstition & plus de fermeté, il auroit pu tourner, à son avantage, les réformes de Luther & de Calvin. En protégeant les partisans de la liberté religieuse, qui étoient si nombreux dans l'Italie, il auroit pu renverser l'église dominante, la puissance de son clergé, s'emparer de cette superbe contrée, & devenir un des plus grands princes de l'Europe : aidé des peuples Italiens, Charles auroit facilement bravé l'Espagne, la France & l'Europe entière; il auroit d'ailleurs trouvé des alliés sûrs dans les princes qui avoient déjà embrassé la réforme.

Charles-Emmanuel votre père, sire, a manqué la troisième occasion de sortir de la classe inférieure des rois. Les armées de Marie-Thérèse avoient été défaites à la bataille de Leiden, en décembre 1757 : malgré ses nombreux alliés, cette princesse se défendoit, avec beaucoup de peine, contre le grand Frédéric, plus redoutable par les ressources inépuisables de son génie, que par ses forces réelles. Si votre père, sire, avoit cédé aux instances réitérées que lui faisoit le cabinet de Saint-James, il auroit pu s'emparer en 1758, non-seulement du Milanais, qui étoit entièrement à sa bienséance, ainsi que des États de Modène, de Parme & de Toscane, mais aussi de ceux de l'église & du royaume de Naples, qui étoient presque sans défense;

&, lorsqu'il auroit été maître de toute l'Italie, quelle puissance auroit pu lui nuire? Cette contrée, par son inépuisable fertilité, lui auroit fourni des moyens plus que suffisans pour la conserver; & si à la paix, il y avoit eu raison de céder une partie de cette conquête, il en auroit au moins conservé la portion la plus importante, & il auroit eu la gloire de fonder une nouvelle puissance, dont votre majesté seroit revêtue. Votre père, sire, quoique dur & courageux, s'effraya de difficultés futiles qu'il auroit facilement applanies, s'il avoit eu un génie élevé; il voulut qu'on n'attribuât qu'à sa justice & à sa loyauté, la foiblesse de sa conduite dans ces circonstances, mais, c'est toujours envain que les rois prétendent en imposer sur leurs sentimens, ils sont toujours les hommes les mieux connus; tôt ou tard la sévère équité prononce leur arrêt sans appel, & la vérité est, que ce ne fut que par pusillanimité que votre père résista aux sollicitations de la Cour de Londres.

Enfin, c'est vous-même, sire, qui avez manqué la quatrième occasion de vous elever à la hauteur dont je viens de vous donner l'idée. Dans la crise où se trouve actuellement l'Europe, vous auriez pu vous procurer de grands avantages, si vous aviez seulement suivi le plan de conduite, que vous avoit tracé votre père; & vous auriez pu devenir un grand prince, si vous aviez suivi les conseils d'un homme éclairé dans la science du gouvernement, particulièrement instruit de vos intérêts, & cet homme, c'est moi. Je vous étudiois à Turin depuis quelques mois, lorsque vous êtes monté sur le trône; le peu d'ordre que vous mettiez dans vos dépenses, le peu de jugement que vous montriez dans la dispensation de vos générosités & dans le choix de vos confidens, me firent prévoir dès-lors les désordres de votre règne. Cependant, comme vous paroissiez convaincu de l'amélioration dont la culture des États Sardes étoit susceptible, & disposé à faire cette utile conquête, cette espérance jointe au désir que j'avois de vous aider à faire le bien, me déterminèrent à tracer le plan de gouvernement qui convenoit à votre situation, & dont l'éxécution étoit d'autant plus facile alors, que votre père vous laissoit 40 millions dans le trésor, un revenu de 30 millions, & pas un sous de dette; je remis ce plan à un de vos ministres, en le priant de vous le communiquer; s'il vous en a donné connoissance, sire, vous n'en avez fait aucun usage; &, s'il vous l'a caché, c'est que peut-être il l'a trouvé peu concordant avec vos malheureuses inclinations pour le despotisme & pour la profusion; inclinations qui sont ordinairement cultivées avec le plus grand soin dans les monarques par leurs ministres & leurs courtisans.

Bientôt je prouverai, sire, par le tableau historique de votre règne, que je n'ai pas cessé de vous observer, & que j'ai la connoissance la plus exacte de votre conduite & de toutes vos affaires; aujourd'hui je me hâte de vous secourir par des vérités, qui, quelques dures qu'elles soient, doivent opérer votre salut, si vous ne les consultez que dans le sein de votre famille.

Pourquoi, sire, voit-on encore dans le pays le plus favorisé par la nature, dans le Piémont, dans le Canavèse & jusques aux portes de Turin, des friches, des bruyères qui pourroient être facilement converties en excellentes prairies artificielles?

Pourquoi avez-vous rejetté les projets qui vous ont été tant de fois présentés pour la confection de canaux de navigation & d'arrosement, lesquels auroient fertilisé des terrains immenses, qui ne demandent que de l'eau, & qui auroient facilité le transport & la communication des productions brutes & manufacturées de votre territoire? projets si faciles à exécuter dans un pays si riche en rivières & en ruisseaux de toute grandeur.

Pourquoi avez-vous rejetté l'offre des Génevois, qui vous proposoient de rendre l'Arve navigable, & de rendre exploitables, par ce moyen, les forêts de la Tarentaise, dont les bois pourrissent sur pied, faute de débouchés, & qui seroient devenues une source de travaux & de richesses pour les pauvres habitans de la Savoie?

Pourquoi avez-vous préféré de favoriser huit ou dix seigneurs qui, par ignorance, ou par une absurde cupidité, craignoient que l'exploitation des forêts de la Tarentaise ne diminuât le produit de celles qu'ils possèdent dans le Chablais? forêts qui leur rendroient vingt fois davantage, si elles étoient converties en terres à bled. En faisant le bien des Génevois, dans la bourse desquels vous puisez si fréquemment, vous auriez fait celui des bons & laborieux Savoisiens, livrés depuis long-temps à la rapacité & à la brutalité de vos Piémontais.

Pourquoi, sire, avez-vous abandonné votre grande île de Sardaigne à des vices-rois, & à des prêtres, qui n'ont fait que la stériliser & la dépeupler de plus en plus. En donnant à ses habitans la liberté de conscience, & celle du commerce & de l'industrie, en aboliſſant les règlemens qui les ruinent, en faiſant eſſarter leurs forêts, deſſécher leurs marais, défricher leurs landes, réparer leurs maſures, en y faiſant bâtir des villages, vous auriez quadruplé la culture de cet excellent territoire, ſa population & vos revenus.

Vous auriez pu, ſire, faire tout ce bien, toutes ces opérations productives, avec la moitié des ſommes que vous avez diſſipées, en récompenſes à de mauvais ſujets, en conſtructions inutiles, en dépenſes extravagantes pour groſſir & brillanter votre triſte Cour, votre pitoyable armée, & vos inutiles ambaſſades.

Comment n'avez-vous pas vu, ſire, qu'en multipliant vos valets, grands & petits, c'étoit multiplier vos pillards, vos ennemis, ceux de vos peuples, favoriſer leur ruine & la vôtre?

Comment n'avez-vous pas vu qu'en multipliant à l'excès les officiers de votre armée, c'étoit entraver ſa tactique, la rendre preſqu'impoſſible; que c'étoit multiplier vos penſionnaires inutiles; que c'étoit ſurcharger vos peuples d'une dépenſe d'autant plus accablante, que ces inſtrumens de la tyrannie, dans les Etats deſpotiques, tels que le vôtre, forment la claſſe d'hommes la plus immorale & la plus nuiſible, après celles des prêtres?

Comment, ſire, n'avez-vous pas craint de vous couvrir de ridicule aux yeux des grandes puiſſances, en leur envoyant des ambaſſadeurs faſtueux & inutiles?

Comment n'avez-vous pas vu que le faſte inſolent de votre cour, de vos grands, de vos militaires, de vos ambaſſadeurs, inſultoit à la miſere de vos peuples, en l'augmentant continuellement? Ne deviez-vous pas prévoir qu'en préférant ainsi l'apparence de la puissance, c'étoit vous priver, avec certitude, de la réalité?

Pourquoi vos grandes charges, sire, vos premiers emplois ecclésiastiques, civils & militaires, les privilèges, les exemptions, toutes faveurs, toute impunité, sont-elles par vous exclusivement réservées aux plus vils des hommes, à vos nobles piémontais, qui sont en général plus ignorans, plus lâches, plus fourbes, plus brutaux, aussi avides, orgueilleux & oppressifs, que l'étoient les nobles de France?

Pourquoi vos sénats, vos tribunaux, sont-ils de vrais coupe-gorges, où la rapine & l'iniquité s'exercent sans cesse impunément?

Comment ne voyez-vous pas, sire, que tous les instans de votre vie sont souillés de cette multitude de crimes que commettent vos mandataires, en votre nom, & dont vous êtes responsable, puisque vous pouvez les empêcher?

N'est-ce pas pour satisfaire les caprices continuels de votre petite vanité que vous avez dissipé les quarante millions que votre pere avoit amassés; que vous avez augmenté la masse d'impôts dont vos peuples étoient déjà surchargés; que vous avez fait, & dissipé tant d'emprunts, dont vous ne savez comment payer les intérêts, ni rembourser les capitaux; que vous avez jeté dans la circulation pour plus de quarante millions de billets d'état qui n'ont aucune hypothèque; que vous avez dissipé par anticipation plus de trois années du revenu public, que vous y avez fait un déficit de plus de dix millions, & que vous avez contracté pour plus de cent millions de dettes?

Qu'arrivera-t-il, lorsque ces dissipations, ce déficit,

ces anticipations, ces dettes énormes, & la nullité de vos billets d'état seront connus de votre nation? Ou vous avouerez, sire, l'impossibilité de payer vos dettes, & cette banqueroute affreuse produira une funeste révolution; ou vous aurez recours au seul moyen qui vous reste pour rétablir l'ordre dans vos affaires, c'est-à-dire, à la vente des biens ecclésiastiques de vos Etats; mais dans ce cas, que n'avez-vous pas à craindre de la cupidité irritée de vos prêtres & de vos moines, de leur funeste ascendant sur vos peuples, du terrible pouvoir des confessionnaux sur vos Piémonatis particulièrement, qui sont si superstitieux, si fanatiques, si enclins à la trahison, à la vengeance, à la rapine, à la férocité, aux crimes les plus atroces? C'est alors que vous reconnoîtrez combien les prêtres sont dangereux, combien vous avez eu tort de protéger un clergé fourbe, imposteur, ignorant, intolérant, inquisiteur, hypocrite, hautain, spoliateur, & de vous servir de lui pour perpétuer la stupide crédulité, l'ignorance, l'erreur, l'esclavage & les vices de vos peuples.

Que résulte-t-il d'un si détestable gouvernement? Vos provinces, sire, au lieu d'être dans un état de prospérité, sont ruinées; au lieu d'avoir des richesses disponibles, vous n'avez que des dettes. Vos peuples, au lieu d'être libres, instruits, vertueux, & dans l'aisance, sont esclaves, ignorans, vicieux & dans la misere; au lieu de vous témoigner leur contentement, leur reconnoissance, ils vous effrayent par de justes murmures.

Si vous aviez, sire, établi le bonheur & la liberté dans vos états, aujourd'hui tous les mécontens de l'Europe chercheroient un asile chez vous; ils vous porteroient leurs richesses, leurs lumieres, leurs talens, leur induftrie; & le Milanois qui, depuis fi long-tems, gémit fous la plus dure oppreffion, fe donneroit à vous, & vous feriez en état de foutenir cette conquête; bien loin de là, vous ne pouvez point vous défendre, parce que vous n'avez qu'une armée d'efclaves fans tactique, fans difcipline, fans force, fans courage, fans patriotifme; vous n'avez plus ni tréfor, ni crédit; enfin, au lieu de jouir de la paix de votre ame, de l'eftime de vous-même, de celle des autres, de la confiance & de l'amour de vos peuples; vous êtes généralement méprifé au-dehors, & détefté chez vous; les foupçons, les défiances, les inquiétudes les plus fondées, la perfpective la plus effrayante, les préfages les plus finiftres, les remords, la terreur vous pourfuivent par-tout & vous tourmentent jour & nuit.

Comment, fire, dans une fituation auffi malheureufe, auffi menaçante pour votre couronne, avez-vous eu l'imprudence d'entrer dans la ligue monftrueufe de Pilnitz? Lifez l'hiftoire de tous les fiècles, & vous verrez que toute ligue formée d'une foule de princes ne peut durer long-temps, ni réuffir. Dans ces ligues extravagantes, les puiffances du troifième & du quatrième ordre, tel que le vôtre, ne jouent qu'un miférable rôle; elles ne font que les fatellites des potentats qui les emploient, & elles finiffent par en être les dupes. Vous verrez, fire, que la ligue armée par l'empirique octogénaire de miniftère de Vienne, aura le fort de celle de Cambrai, & vous refterez expofé au reffentiment de la plus grande Nation de l'Europe, qui fe vengera avec éclat de tout le mal que vous aurez voulu lui faire. Quelle folie d'expofer votre poignée de mauvaifes troupes aux fureurs de cent mille hommes armés par la haine qu'ils ont de l'esclavage & de la tyrannie, par le plus violent amour de la liberté, & qui sont prêts à vous écraser, si vous ne les arrêtez par votre prompte retraite, & par votre renonciation authentique à toutes hostilités contre eux. Sans doute pour vous déterminer à vous joindre aux ennemis des Français, le comité autrichien vous a promis, sire, la Bresse & le Bugey, qui ont autrefois appartenu à votre maison; mais jamais vos ancêtres n'ont pu conserver de domaines en France, toujours ils ont été dupes de leurs alliances avec cette cour; & quand même le despotisme s'y rétabliroit, ce qui est physiquement & moralement impossible, tôt ou tard les despotes Français vous arracheroient ce que la nécessité les auroit forcés de vous céder actuellement, & toujours il vous seroit, & à votre postérité, impossible de lutter contre une puissance si supérieure à la vôtre.

Qu'êtes-vous, sire, en comparaison d'un empire de vingt-sept mille lieues carrées, qui contient vingt-sept millions d'habitans, & qui peut jouir d'un revenu de six cent millions? Tous vos états, à l'exception de la Sardaigne, dont vous ne tirez que 300 mille livres au plus, n'ont pas autant d'étendue qu'en avoit la ci-devant province du Languedoc. Vous avez au plus 30 millions de revenus, & deux millions & demi de pauvres esclaves, qui, éparpillés sur une surface inégale, ne font pas l'effet d'un million dans un terrain bien arrondi.

Sur un territoire aussi vaste, aussi carré, aussi coupé de routes superbes & de rivières navigables, aussi bien défendu par la nature & l'art, que l'est celui de la France, 27 millions d'hommes forment l'effet de 40 millions. Alors, le rapport de votre population à celle des Français est comme 1 à 20, & celui de vos revenus comme 1 à 23. Quelle disproportion! N'est-ce pas un délire pour une puissance telle que la vôtre, de s'exposer au danger évident d'être étouffée sous une masse si énorme? & cela, pour soutenir les injustes prétentions, soit de nobles auxquels vous aviez imprudemment donné retraite, & que vous avez été obligé de chasser, parce qu'ils étoient au moment de vous perdre; soit de prêtres que, je vous le répète, vous serez bientôt contraint de traiter chez vous comme ils l'ont été en France.

Le moindre désastre qui puisse résulter contre vous, sire, de vos mouvemens hostiles & si dispendieux contre les Français, c'est de consommer incessamment votre ruine, & d'allumer chez vous le feu de la guerre civile. Ne vous aveuglez donc plus sur votre situation; ce n'est qu'au sein de la plus grande tranquilité, que vous pouvez éviter les malheurs dont vous êtes sérieusement menacé; &, je vous le répète, ne consultez que votre famille sur le parti que vous devez prendre, parce qu'elle seule a le plus grand & le même intérêt que vous de ne point se tromper.

C'est une vérité prouvée par l'expérience de tous les siècles, & chez les nations catholiques surtout, que les prêtres, les ministres & les nobles ont toujours été les plus grands ennemis des rois & des peuples; ce sont ces perfides conseillers qui, dans ce moment, bouleversent l'Europe, pour conserver & perpétuer les abus dont ils profitent, ce sont eux qui s'efforcent d'élever de nouvelles barrières entre les trônes & les peuples. Bien loin de risquer rien pour eux-mêmes dans les guerres qu'ils déterminent & qu'ils dirigent, ces guerres sont pour eux des moyens d'augmenter leur fortune, leurs partisans, leur influence; c'est dans les plus grands désordres qu'ils trouvent les plus grandes ressources pour eux, pour leurs parens & leurs amis; c'est du sang des peuples & de la ruine des rois que ces hommes s'engraissent; ce sont eux qui perpétuent l'enfance, l'ignorance & les vices des monarques, pour opprimer & piller en leurs noms.

Ces princes qui se croient être des despotes, ne sont réellement que les prête-noms & les esclaves de ceux qui leur répètent sans cesse qu'ils n'ont que des droits à exercer, & point de devoirs à remplir, que rien ne doit résister à leurs volontés, qu'ils sont les maîtres de disposer de la vie & des biens de leurs sujets, & qu'aucun d'eux ne doit se permettre de penser & d'agir que comme il leur plaît; c'est pour exercer toutes ces autorités au nom des rois qu'ils les leur supposent; c'est ce tyrannique pouvoir qui a fait de la royauté un véritable fléau. C'est ce despotisme, sire, qui vous a fait faire de si excessives profusions, qui vous a conduit sur le bord de l'abîme; c'est ce despotisme, & davantage encore celui de vos ministres, de vos courtisans, de vos prêtres & de vos magistrats, qui ont amené tous les malheurs que vous allez précipiter sur votre tête, si vous différez un instant de faire cesser vos imprudentes hostilités contre les Français.

Si, dans les circonstances actuelles, les monarques européens étoient plus éclairés, ils verroient qu'ils ne font qu'augmenter les forces expansives des vérités menaçantes pour leur despotisme, par les efforts qu'ils font pour les éloigner de leurs états, & ils renonceroient à ce projet extravagant; loin de fuir ces vérités qui, malgré eux, saisiront leurs malheureux esclaves, s'ils étoient sages, ils iroient au-devant d'elles; ils rejetteroient de leurs conseils ces traîtres adulateurs qui les rendent odieux à leurs peuples par cette ligue, par cette guerre contre leurs droits naturels; & s'ils se trouvoient insuffisans, avec les princes de leur sang, pour dissiper les orages qui se forment, ou qui grondent autour d'eux, & pour remédier aux abus de leurs gouvernemens, au désordre de leurs affaires, il n'est aucun de ces monarques qui ne possede dans ses Etats quelques hommes honnêtes & éclairés contre lesquels leurs ministres, leurs courtisans & leurs prêtres les ont prévenus, parce qu'ils redoutent leurs lumières & leur probité; eh bien, ce sont précisément ces hommes si redoutés que les rois devroient consulter & employer à toutes les réformes nécessaires, après avoir tout fait pour mériter leur confiance, & pour les garantir de toutes vengeances.

Je sais que vous avez chez vous, sire, quelques-uns de ces philantropes capables de vous rendre les importans services dont vous avez si grand besoin; mais il est douteux que vous puissiez en rien obtenir, parce qu'ils connoissent votre foiblesse excessive, votre inconstance, vos incertitudes perpétuelles, l'insignifiance de vos larmes, l'inutilité de vos promesses, & cette superstition qui vous rend inepte pour les opérations les plus nécessaires à la restauration de vos peuples.

Les seuls moyens d'opérer cette restauration, sont de réduire la dépense de votre maison à l'exact nécessaire; de supprimer vos ambassades, vos sénats, vos intendans, vos gouverneurs & commandans militaires; de réduire votre armée à douze mille hommes d'élite; de supprimer la nobleſſe, d'établir la liberté de conſcience, en ſupprimant toute préférence du gouvernement pour aucun culte; d'établir la liberté de la preſſe, celle du commerce & de l'induſtrie; de ſoumettre tous les fonctionnaires publics à la reſponſabilité la plus ſévère, & de vous lier vous-même les mains de manière que vous ne puiſſiez, ni vous, ni vos ſucceſſeurs, jamais exercer ni faire exercer aucun pouvoir arbitraire; de donner à vos peuples une conſtitution nationale, qui leur rende & leur garantiſſe la jouiſſance de leurs droits naturels; de vendre tous les biens eccléſiaſtiques de vos états pour payer vos dettes, pour multiplier chez vous les propriétaires fonciers & les cultivateurs qui, dans tous les pays, ſont les hommes les plus laborieux, les plus utiles, les plus honnêtes & les plus attachés au ſol de la patrie, parce qu'ils y incorporent une partie de leur exiſtence; enfin de former tous les établiſſemens néceſſaires à l'inſtruction publique & à la proſpérité de l'agriculture.

Le but eſſentiel de tous les genres de deſpotiſme eſt la rapine, & le délire le plus funeſte d'un deſpote eſt de ne vouloir mettre aucune borne à ſa dépenſe, & de vouloir que le montant des impôts s'y proportionne toujours, ce qui eſt impoſſible. Un état doit ſe conduire, en cette partie, comme un particulier; il doit proportionner ſa dépenſe à ſon revenu. La juſtice & la raiſon veulent que la dépenſe d'un Etat, dont les productions territoriales peuvent fournir à tous les beſoins de ſes habitans, ſe proportionne toujours, dans l'état d'ordre, au cinquième du produit net du revenu de ſon territoire; c'eſt le ſeul impôt qui ſoit conforme aux loix de la nature, que jamais on ne viole impunément. Calculez donc, sire, ce que ce cinquième doit produire, & réduisez la dépense de votre gouvernement à ce revenu ; il doit suffire, lorsque toutes vos dettes seront payées, & que tous les établissemens ci-dessus indiqués auront été faits avec le produit de la vente des biens ecclésiastiques.

S'il n'y a pas un de ces conseils qui ne soit capable de vous faire évanouir, sire, abandonnez donc un poste où vous ne pouvez pas faire le bien, où vous avez fait tant de mal, & dans lequel votre tête est exposée.

Le prince de Piémont, quoique mal entouré & vicié aussi de superstition, est dans l'âge encore de secouer des préjugés aussi absurdes ; les réflexions pleines de sens qui lui sont échappées en différentes occasions, donnent lieu de croire qu'il est susceptible de bons conseils ; & d'ailleurs il a sous les yeux des exemples si instructifs, si effrayans pour le despotisme, que j'aime à me persuader qu'il ne prendroit en main les rênes du gouvernement, qu'en se déterminant à toutes les réformes que je viens d'indiquer ; mais pourroit-il, sans danger pour sa personne, se charger de leur exécution ? Le véritable souverain, la nation seule peut, sans risque, ordonner & exécuter elle-même de si importantes & de si nécessaires opérations, & c'est votre conseil de famille qui doit opérer lui-même cette révolution : s'il s'y refuse, elle se fera d'elle-même ; elle sera sanglante, elle vous écrasera tous.

De toutes les opérations, la première & la plus urgente est d'empêcher les Français de porter chez vous la loi de la raison armée pour la Liberté. Retirez promptement vos troupes, renvoyez celles de l'Autriche & toutes troupes étrangères : annoncez authentiquement votre parfaite neutralité dans les affaires de France, & que vous reconnoissez la souveraineté de cette nation & son nouveau gouvernement. Pour peu que vous différiez, sire, de suivre ces conseils, votre perte est inévitable, & votre chûte sera plus affreuse que celle de Louis XVI. En voici les raisons :

On connoissoit en France l'insouciance, l'ignorance & l'incapacité de Louis XVI pour le gouvernement; on n'attendoit rien de bon de sa part; vos sujets, au contraire, espéroient des prodiges de votre règne.

Louis XVI n'avoit que de mauvais exemples dans la conduite de ses prédécesseurs; & vous en aviez de bons à suivre dans le gouvernement de vos ancêtres.

Louis XVI pouvoit rejetter sur ses prédécesseurs une partie des maux dont la masse a produit le désespoir de sa nation, sa juste insurrection & sa révolution; vous seul, sire, avez ruiné vos peuples par vos profusions.

Louis XVI pouvoit rejetter sur sa méchante épouse une partie de ses crimes; vous seul êtes coupables.

Louis XVI avoit pour juger sa conduite une nation naturellement douce, indulgente, lorsqu'on ne la pousse point à bout, une nation généreuse, aimable, éclairée; & vous, sire, par qui serez-vous jugé ? Par votre exécrable populace du Piémont.

En traversant Paris pour se rendre avec sa famille au Temple, qui lui sert de prison, en attendant le dénouement de sa catastrophe, Louis XVI a été couvert, ainsi que sa femme, des imprécations d'un peuple immense; & vous, sire, vous serez traîné dans les ruiſſeaux bourbeux de Turin, vous éprouverez les outrages les plus dégoutans, les plus barbares; vous invoquerez en vain les miracles du ſuaire & des reliques d'Amédée que vous portez conſtamment ſur vous, & que vous appliquez ſur vos joues pour calmer vos douleurs de dents; ni vos madônes, ni vos ſaints, ni vos nobles, ni vos prêtres ne vous préſerveront point de la fin la plus tragique, la plus ignominieuſe.

Hâtez-vous donc de profiter de mes conſeils. Les événemens commencent à juſtifier ceux que j'ai donnés au roi de Pruſſe, & au duc de Brunswick pour les détromper, pour les préſerver des échecs qu'ils éprouvent, & de ceux auxquels ils s'expoſent. Les riſques ſont infiniment plus grands pour vous, parce que vos ſujets n'attendent que les ſecours des Français pour ſe venger de tous les maux que vous leur avez faits.

Enfin croyez, ſire, que les vérités dures que contient cette lettre, vous ſont auſſi utiles que les baſſes flatteries de vos courtiſans vous ſont nuiſibles.

LETTRE

Au pape Pie VI, par l'auteur des lettres au roi de Prusse, au duc de Brunswick, &c. relativement aux affaires de France.

Paris, le premier Octobre 1792.

SAINT PERE,

Les événemens qui se pressent autour de nous depuis trois ans, sont si extraordinaires, si maturatifs pour l'esprit humain & pour la prospérité des nations, que chacun de ces événemens paroît être l'ouvrage d'un siècle. Témoins de ces prodiges, de ces heureux progrès de la raison, & des efforts gigantesques que font ses ennemis pour les arrêter; accoutumés d'ailleurs à la méditation sur la destinée des empires & sur les délires de l'esprit humain, il semble que rien ne devroit plus nous surprendre; cependant, comment ne pas s'étonner des excès auxquels se livrent les tyrans de l'Europe pour détruire le foyer des vérités qui les menacent, pour renverser la révolution française? N'est-ce pas vouloir réaliser la fable des titans qui entassoient Ossa sur Pélion pour faire la guerre au Ciel? Comment ces insensés ne voient-ils pas qu'ils s'exposent à éprouver le sort des rébelles qu'ils veulent imiter? Comment ne se trouve-t-il personne auprès d'eux pour leur représenter que cet antique pouvoir, dont ils n'ont pas cessé de faire le plus cruel abus, n'est qu'une usurpation des droits de l'homme & de ceux des nations ? que ce pouvoir n'est soutenu que par des forces qui ne sont point en eux, que par celles que leur prêtent les malheureux esclaves qu'ils pillent & qu'ils oppriment depuis si long-temps, & auxquels il suffit de reconnoître leurs droits & leurs forces, & de cesser d'enrichir & d'armer leurs despotes, pour réduire ceux-ci à la plus grande foiblesse, à la plus grande nullité ? Comment ces despotes ne voient-ils pas qu'il est contre nature que la partie soit plus forte que le tout, & qu'un pouvoir désastreux qui n'a pour origine que le droit du plus fort, doit être détruit par une force supérieure ; qu'un pouvoir uniquement fondé sur l'ignorance, l'erreur & l'injustice, doit disparoître devant la lumière de la *raison* & de l'*équité* ? Comment ces despotes ne voient-ils pas que les efforts qu'ils font pour arrêter les progrès de la vérité, lui donnent plus de ressort, ne font que la propager davantage parmi leurs sujets, & exciter leur insurrection, parce qu'ils ne peuvent se refuser de voir que c'est contre eux-mêmes que se fait cette guerre dont le but essentiel est d'étouffer, dans son berceau, la déclaration de leurs droits naturels.

Mes correspondans, en Italie, m'écrivent que les cardinaux, les évêques, les prélats, les nobles, les moines & les religieuses de toutes les parties de cette contrée, s'empressent de faire d'abondantes collectes d'argent pour soutenir les ennemis de la révolution de France ; ils m'assurent que votre sainteté même est le premier instigateur de cette nouvelle croisade, aussi ridicule que celles qui ont dépeuplé l'Europe pourporter en Asie leurs opinions absurdes, & que vous ne cessez, saint père, d'encourager vos ouailles à cette œuvre vraiment sacerdotale, pour laquelle vous avez fourni, de votre propre pécule, des sommes considérables, & fait contribuer plus considérablement encore, votre chambre soi-disant apostolique ; mais, saint père, n'étiez-vous pas déjà trop coupable d'avoir épuisé les finances de votre Etat par les dépenses énormes qu'a coûtées le desséchement des marais Pontins ; entreprise qui vous auroit couvert de gloire, si vous aviez eu pour unique but le bien public, & qui vous couvre d'opprobre, parce qu'elle n'est qu'un véritable brigandage, puisque vous avez usurpé ce vaste terrein, & que vous en avez fait une principauté pour votre neveu, auquel vous avez donné, *per fas & nefas*, un état qui égale l'opulence de quelques souverains ? N'étiez-vous déjà pas trop coupable d'avoir ruiné votre peuple, soit par les sommes immenses que vous avez si mal employées à la maussade construction d'une sacristie qui ne sera jamais qu'un monument de votre fatuité & de votre mauvais goût, soit par l'émission si fréquente de cédules par lesquelles vous avez triplé les dettes de l'Etat ?

Vos pauvres sujets seroient-ils injustes, saint père, s'ils dépouilloient de leurs richesses, votre neveu & ceux de vos prédécesseurs, en leur disant : „ C'est nous qui avons desséché ces marais ; c'est sur les ruines des habitations de nos pères que sont construits ces palais ; c'est de nos biens que sont composées ces fortunes qui vous rendent si fastueux, si vains, si dédaigneux, si durs, & par lesquelles vous insultez continuellement à notre misere. Tout ce que nous avons fait & payé de gré ou de force, à vous & à vos prédécesseurs, c'est à l'Etat ; c'est à la chose publique que nous l'avons fait &

payé. Il vous a plu de piller le trésor national pour enrichir vos familles ; la justice veut que ces familles restituent. C'est en vertu du droit du plus fort que vous avez fait ces rapines ; c'est en vertu de la supériorité de nos forces, en vertu de nos droits & des règles de la justice, que nous reprenons ce qui nous appartient, que nous rentrons dans la jouissance de nos droits naturels & de nos propriétés „.

Vous, saint père, qui foulez aux pieds les cendres des Camille & des Cincinnatus ; vous qui jouez sérieusement des farces ridicules sur le superbe théâtre où les Scipion & les Paul Emile triomphoient en traînant des rois attachés à leurs chars, pensez-vous de bonne foi que la liberté soit un bien facile à ravir au peuple le plus ardent à le conserver, le plus nombreux, le plus éclairé ? Croyez-vous que vos prières absurdes & celles de vos bouffons soient capables d'opérer en France une contre-révolution ? Croyez-vous que trois millions d'hommes armés pour la défense de leurs femmes, de leurs enfans, de leurs droits, de leurs propriétés, puissent redouter les mains débiles de deux ou trois cents mille esclaves commandés par un petit nombre de tyrans dirigés eux-mêmes par des ministres ineptes, qui ne connoissent ni le temps, ni les hommes, ni les choses, & qui ne se doutent pas que la déclaration des droits naturels de l'homme renferme en elle-même une force absolument indestructible, parce qu'elle est celle de la nature, de la raison, de la justice, de la vérité. Jamais Zoroastre & Confucius, Moïse & Pilpay, Solon & Licurgue, Numa ni Jésus, jamais aucun sage de l'antiquité n'a présenté un code de morale plus simple, plus naturelle, plus vraie, plus pure, plus ſublime & plus attrayante que cette déclaration.

Quel ſpectacle majeſtueux, de voir la première Nation de l'Europe ſe lever toute entière & d'une ſeule voix dire : „ Je ſuis libre, & je veux que le genre humain le ſoit avec moi. Peuples de tous les climats ! levez-vous, ſecouez les chaînes de la crédulité, de l'erreur, de la ſuperſtition & du deſpotiſme. Connoiſſez vos droits & vos forces. C'eſt la raiſon éternelle, c'eſt la vérité, c'eſt la nature, c'eſt Dieu qui vous parle. Soyons tous frères. Abjurons pour jamais toutes haines, toutes rivalités. Eteignons pour toujours le flambeau de la diſcorde, étouffons-en les cauſes ; ne ſouffrons plus qu'une poignée de princes & de nobles ſe joue des Nations, les aſſerviſſe, les opprime & les pille ; périſſent la royauté & la nobleſſe ! Ne ſouffrons plus qu'une caſte barbare qui, depuis ſi long-temps, vit de nos malheurs, nous égare encore dans la recherche d'un ſalut chimérique ; périſſe le ſacerdoce ! C'eſt de notre bonheur ſur la terre que nous devons nous occuper, nous ne pouvons l'obtenir que de nos vertus ; il n'y a d'actions vertueuſes que celles qui ſont utiles à nos ſemblables ; rendons-nous donc utiles les uns aux autres. La nature, en nous donnant à tous les mêmes beſoins, nous a donné les mêmes droits de les ſatisfaire ; reſpectons donc réciproquement ces droits les uns dans les autres. La nature nous a préparé d'avance les moyens de ſatisfaire nos beſoins dans la fertilité de la terre, dans le lait, la laine, les peaux & la chair des animaux ; cultivons donc la terre & formons des troupeaux. La nature nous a fait tous inégaux de corps & d'eſprit, pour nous rendre tous néceſſaires

& chers les uns aux autres ; aidons-nous, aimons-nous donc réciproquement. La nature accompagne la modération, la sobriété, de plaisirs ; les excès, de douleurs : l'injustice, de chagrins & de peines ; les bienfaits, des jouissances les plus délicieuses ; ainsi pour conserver notre santé, pour jouir de notre propre estime, de celle des autres & de leur amitié, soyons donc modérés, sobres, justes & bienfaisans ; faisons des heureux pour l'être nous-mêmes. Enfin, la nature a varié les climats, & dans chacun, les qualités des terres & leurs productions, afin que tous les peuples eussent besoin les uns des autres, & se liassent par l'échange de l'excédant de leurs consommations ; que ces échanges se fassent donc cordialement & librement entre les peuples, & qu'ils fraternisent tous ensemble „.

Telle est la morale universelle, la seule qui convienne aux hommes dans tous les pays & dans tous les temps. Telle est, saint père, l'esprit de cette déclaration des droits qui détruit toutes inégalités arbitraires & monstrueuses dans la société, & qui, par cela même, excite le désespoir & la fureur des usurpateurs ; mais je le rappelle, l'esprit philosophique de cette déclaration, mis en détonation par les feux du despotisme, en dissoudra plus promptement les chaînes.

Mais, direz-vous peut-être, saint père, si ces prétendus droits de l'homme sont naturels, ils ont toujours existé, pourquoi donc ont-ils été ignorés de tous les peuples avant la déclaration qu'en ont faite les Français ? Et si nous avons pu rendre ces droits nuls pendant dix-huit siècles, nous pouvons donc leur opposer encore une force supérieure. Voici mes réponses.

1°. Les droits naturels de l'homme ont été connus

chez tous les peuples civilisés, & les ouvrages des anciens philosophes en font foi ; mais ces droits n'ont été connus qu'isolés les uns des autres, sans liaison, sans corrélation ; personne, avant les Français, ne s'étoit avisé de réunir cette série de principes & de vérités éternelles, en un seul acte dans l'ordre analytique, & de cet ensemble, résulte un système régulier de philosophie naturelle, dont la lumière est indestructible.

2°. Les anciens peuples n'avoient pas pour leur instruction la ressource de l'art divin de l'imprimerie, qui rend le solitaire témoin de ce qu'on a dit, de ce qu'on a fait, de ce qu'on dit, de ce qu'on fait partout, qui perpétue les vérités des philosophes & leur gloire, les crimes des grands & leur exécration. *Rerum tutissima custos.*

3°. La déclaration des droits deviendra nécessairement le catéchisme de tous les peuples, & les Français parviendront à leur en faire restituer la jouissance, quand même tous les despotes royaux, sacerdotaux, & toutes les aristocraties s'accorderoient à promulguer la loi aussi atroce qu'absurde, qui vient d'être publiée au nom de l'empereur, pour défendre à ses sujets de commercer avec les Français, de leur envoyer des fonds, & par laquelle il ordonne de fermer toutes les communications de ses États avec la France, & menace de traiter, comme espions, les Français qui voyageront chez lui. L'imbécile ministre de Vienne n'a pas vu qu'il faisoit signer à son maître la ruine de ses sujets, & qu'il appeloit leur insurrection ; c'est un véritable crime de lèze-Nation & de lèze-majesté, que François II. punira, dès qu'il en connoîtra les conséquences funestes pour lui-même. Kaunitz devoit défendre aussi aux Autrichiens de voyager en France; car s'ils y vont, ils pourront bien s'en retourner chez eux, l'esprit & le cœur pleins de l'amour de la liberté, de la haine de l'esclavage, & de la haine du despotisme.

4°. Lorsque tous les moyens de corruption, de trahison, & les forces combinées des émigrés, de la Prusse & de l'Autriche, ont échoué contre une Nation qui n'avoit encore ni armes, ni fortifications, quel succès S. Père, prétendez-vous obtenir contre elle, vous qui, de toutes les puissances de la terre, êtes la plus foible, la plus fanatique? La révolution de France n'est pas, comme il vous plaît de la nommer, *une fièvre passagère:* elle est le résultat de la plus longue & de la plus funeste expérience des usurpations, des escroqueries, de la fourberie, du fanatisme, de l'insolence & du libertinage de son clergé; de la scélératesse arrogante, avide, oppressive & ruineuse de ses nobles; de l'ambition rapace, & de l'iniquité de ses parlemens; des exactions & des vexations de ses financiers; des dilapidations & de la tyrannie de ses rois, de leurs ministres & de leurs courtisans; du désespoir d'une Nation écrasée de plus de 700 millions d'impôts, excédée de misère & d'esclavage, & menacée d'une banqueroute de plus de six milliards. Cette révolution de la Nation française est l'effet nécessaire du progrès de la raison, du pressentiment de ses forces & de la connoissance de ses droits.

Telles sont, Saint Père, les vraies causes qui ont fait éclater la guerre des droits de l'homme contre le despotisme; de la philosophie contre les délires du sacerdoce; de la liberté contre l'esclavage; de la science contre l'ignorance; de la vérité contre l'erreur; de la justice contre l'iniquité; de la vertu contre le vice & le crime; de amis de l'humanité contre ses ennemis.

Toutes ces causes désastreuses qui agissoient depuis quatorze siècles par des excès continues sur le peuple le plus sensible, le plus doux, le plus aimant, mais aussi le plus irritable, devoient produire à la fin une révolution orageuse, parce qu'il est naturel que des abus qui vont toujours en augmentant, finissent par détruire leurs propres causes; or, lorsque ces causes n'existent plus, leurs effets cessent également: *Sublatâ causâ tollitur effectus;* & la déclaration des droits, appuyée d'une constitution conforme & d'un gouvernement vraiment populaire, régénérera les peuples, & les garantira pour toujours du retour des maux qu'ils éprouvent. Cette régénération se fera par des moyens absolument contraires à ceux qu'on employoit pour perpétuer les abus: c'étoit par une éducation superstitieuse, abrutissante, que les prêtres perpétuoient les erreurs anti-sociales qui leur étoient utiles; c'est par une éducation vraiment morale, civique & nationale, que les Français & tous les peuples formeront des citoyens libres, vertueux, des patriotes énergiques.

C'étoit par un gouvernement tyrannique, par des loix arbitraires & oppressives; c'étoit en récompensant le vice, & en persécutant les vertus sociales, que les rois perpétuoient l'esclavage, les vices & la misère de leurs peuples; c'est par un gouvernement protecteur & conservateur des droits naturels de l'homme, par des loix conformes à ces droits, & que les peuples feront eux-mêmes, qu'ils rétabliront & perpétueront chez eux l'ordre, les vertus, l'abondance, le bonheur & la paix.

C'étoit en s'attribuant exclusivement les premiers emplois, les honneurs, les dignités & les richesses, que les nobles avoient banni toute émulation des autres classes de la société; c'est en supprimant la noblesse, c'est en assurant au mérite & à la capacité personnelle seulement, toutes les récompenses désirables, qu'on excitera l'émulation dans tous les cœurs.

Enfin, c'étoit la royauté, le sacerdoce & la noblesse, qui semoient & perpétuoient sur la terre tous les maux, tous les crimes, & toutes ces horreurs disparoîtront avec cette abominabe trinité.

Toutes ces raisons doivent suffire pour vous persuader, Saint-Père, que la révolution qui a commencé en France le 14 juillet 1789, & qui a fini le 10 août dernier, n'est que l'annonce de celles qui doivent s'opérer chez tous les peuples qui sont privés de la jouissance de leurs droits naturels. Dans ces circonstances extraordinaires, c'est folie de vouloir suivre les anciennes routines, & de se flatter de quelques succès par la force des armes. Les effets qui doivent nécessairement résulter des fureurs auxquelles se livrent les despotes, les aristocrates & les prêtres de l'Europe, contre la nation la plus nombreuse, la plus forte & la plus pétulente, sont de porter son énergie au plus haut dégré, de la forcer à des extrêmités qui écraseront ses ennemis, de consolider sa révolution, d'éclairer les autres peuples sur la haine qu'ont leurs despotes pour leurs droits naturels, & de porter les peuples à des insurrections dont il résultera, comme en France, la destruction de tous les genres du despotisme. La prudence conseilloit à tous ces despotes, le plus profond silence sur la révolution française, & la plus exacte neutralité envers cette Nation; elle leur conseilloit de réformer promptement les abus de leurs gouvernemens, d'en supprimer toutes dépenses inutiles, de soumettre tous les fonctionnaires publics à la responsabilité la plus sévère, de se soumettre eux-mêmes aux régles éternelles de la justice, en reconnoissant qu'ils ne sont que les régisseurs de leurs nations, & non leurs maîtres.

Si ces despotes sont trop orgueilleux, trop ignorans, ou trop esclaves eux-mêmes de leurs ministres, de leurs courtisans & de leurs prêtres, pour oser faire ces réformes qui leur donneroient la toute-puissance de l'estime publique, de l'amour & de la reconnoissance des peuples, eh bien, qu'ils s'attendent aux terribles effets de leur justice.

Je le répète, les vérités qui se développent en France, formeront un nouveau soleil, qui répandra sa lumière & sa chaleur bienfaisante sur toutes les parties du globe, & il n'est point au pouvoir des hommes, d'éteindre ce nouvel astre, parce qu'encore une fois, ses élémens ne sont que ceux de la nature, & le simple développement de ses loix.

Pendant mon séjour à Rome, j'ai entendu beaucoup vanter la profondeur des vues de Grégoire VII, de Jules II, de Sixte V, & sur-tout de Boniface VIII, auteur de la bulle si célèbre : *Unam ecclesiam* : Pour moi, saint Père, je soutiens que ces mêmes hommes ont ouvert le tombeau de la papauté, qu'ils seront les principaux auteurs de sa destruction; & voici mes raisons :

Ces papes ont donné pendant quelques siècles une

puissance monstrueuse au siége de Rome ; leurs successeurs en ont abusé pour plonger les peuples & les rois dans l'ignorance, la superstition & l'esclavage ; ces prêtres, enhardis par les premiers succès de leurs impostures, de leurs usurpations, de leur tyrannie, se sont persuadés qu'ils pouvoient tout oser, & se sont permis les plus grands excès ; ces excès ont irrité quelques hommes énergiques & clair-voyans, qui ont jeté quelques rayons de lumière sur les impostures & les crimes des pontifes ; cette lumière s'est propagée, les persécutions, les guerres de religion, l'ont propagée davantage encore, ainsi que l'invention de l'imprimerie ; on a vu que la puissance & la richesse des papes & des prêtres, n'étoient que les fruits de leurs mensonges & de leurs escoqueries, & que cette puissance n'étoit fondée que sur l'ignorance & l'erreur qui se perpétuoient par l'instruction publique, dont les prêtres s'étoient emparés. En examinant leurs dogmes religieux, on a reconnu qu'ils n'étoient que des chimères, des absurdités, que les faits dont s'appuyoit cette religion, n'étoient que des fables : Enfin, de ces découvertes sont résultées les réformes des novateurs, qui ont beaucoup rétréci le cercle de la domination des papes ; & ces pertes devoient leur en présager de plus grandes, s'ils continuoient d'insulter à la raison.

On se montre incapable de gouverner une nation, lorsqu'on ne sait point embrasser d'un seul coup-d'œil, dans ses spéculations politiques, le passé, le présent & l'avenir, & cette impéritie a été celle de la plupart des papes qui ont régné depuis la réformation.

Si, depuis cet événement, toujours attentifs aux progrès des lumières & au changement de l'opinion publique, ces pontifes avoient eu la prudence de modérer leur autorité ſpirituelle & temporelle ; ſi, abjurant toute intolérance, toutes prétentions extravagantes, ils s'étoient réduits d'eux-mêmes au régime le plus pacifique ; ſi, contens de jouir paiſiblement de leurs richeſſes, de leur dignité, ils s'étoient attachés, comme Benoît XIV. à éviter toutes querelles théologiques, à ſe faire eſtimer & aimer de leurs ſujets & des étrangers, ils auroient pu prolonger leur domination de quelques ſiècles encore ; mais preſque tous vos prédéceſſeurs, ſaint Père, indifférens ſur le paſſé, insoucians pour l'avenir, & incapables d'apprécier l'opinion publique, qui, chaque jour leur devenoit plus favorable : ces prêtres, dis-je, ont continué de prêcher aux princes la ſuperſtition, l'intolérance, le brigandage & la cruauté ; ils ont continué d'augmenter l'eſclavage & la miſère de leurs peuples, d'y inſulter par un faſte inſolent, de les ſcandaliſer par leurs débauches, par leurs crimes ; & ſi tant d'audace, tant d'imprudence, n'a pas encore fermé le tombeau de la papauté, c'eſt que les peuples ne connoiſſoient point encore leurs droits & leurs forces ; c'eſt qu'il vous étoit réſervé, ſaint Père, de renverſer ce trône de la ſottiſe, où les vices les plus honteux vous ont placé, & ſur lequel vous n'avez montré que de la fatuité, de l'ignorance, de la préſomption, & le népotiſme le plus avide.

Rappellez-vous, ſaint Père, les ſottiſes que vous avez faites, relativement à la prétendue rétractation du prélat connu ſous le nom de *Fébronius* ; vous eûtes alors l'imprudence d'écrire à la cour de Vienne, quelques-unes de ces anciennes bêtiſes, que ſe permettoint vos prédéceſſeurs, dans les ſiècles d'ignorance & de barbarie ; ces bêtises, & la fraude sacerdotale, que vous emplyoâtes à ce sujet, ne vous produisirent que des chagrins : Marie-Thérèse, rejetta votre injuste condamnation de la protestation du prélat Allemand ; vous vous êtes vengé depuis, de cette résistance, de l'impératrice, en refusant à ses mânes les honneurs funèbres qui sont d'usage à Rome ; mais Joseph II, vous a puni de cet outrage avec une véritable dignité, en renversant dans ses états les principales usurpations des papes. Votre fatuité, vous persuada, saint Père, que vous aviez des ressources suffisantes dans la volubilité de votre bavardage, dans votre fausse éloquence, dans vos périodes vides de sens, & sur-tout dans vos grâces individuelles, pour faire révoquer les décrets foudroyans de l'empereur. Ce fut en vain que des hommes sensés qui avoient vécu à Vienne, & qui connoissoient bien Joseph & ses ministres, vous conseillerent de renoncer à un voyage, qui seroit aussi impolitique qu'infructueux ; vous partîtes, & vous donnâtes à quelques peuples de l'Italie & de l'Allemagne, le spectacle indécent & scandaleux d'un personnage qu'ils croyoient aussi saint que son titre l'annonce, & qui juroit comme un chartier, qui se montroit colère & brutal, comme un officier autrichien, & qui jouoit le comédien en distribuant ses bénédictions.

Dès que vous entrâtes sur les États de l'empereur, & jusqu'au lieu de sa résidence, vous eûtes le désagrément, Saint Père, de voir que Joseph se mocquoit de vos charlataneries sacerdotales, puisqu'il vous proposa de vous soulager de vos peines, en donnant des bénédictions en votre nom, ce qu'il fit quelquefois en riant.

Arrivé à la Cour, Joseph vous présenta au rusé &

dédaigneux Kaunitz, auquel vous donnâtes votre main à baiser, & qui se contenta de la prendre & de la serrer dans les siennes, comme d'égal à égal; c'était vous dire clairement que votre grandeur d'opinion étoit nulle pour lui, & qu'il s'en mocquoit.

Bientôt fatigué de la tourbe importune qui accouroit des villages & des villes voisines, pour recevoir votre bénédiction à Vienne, Joseph fit défendre à ces pauvres d'esprit, de quitter leurs travaux, & fit publier que tous les jours, à l'heure de la profusion de vos comiques indulgences, il feroit tirer le canon, & que lorsqu'ils l'entendroient, ils pourroient faire leurs stupides prosternations.

Toutes les fois que vous voulûtes, Saint-Père, parler d'affaires à sa majesté, ou à ses ministres, ils vous répondirent en raillant, qu'ils n'avoient point d'affaires avec vous, & ils accompagnèrent cette plaisanterie de sarcasmes humilians pour votre orgueil, en sorte que vous fûtes obligé de vous réduire au rôle qui vous sied le mieux, à vous pavaner dans les églises & dans les cercles, devant les imbéciles, & devant les femmes amoureuses de votre belle figure, de vos belles mains, de vos belles jambes, de vos belles proportions, dont vous êtes si vain, & dont vous savez si bien tirer parti.

Je vous ai vu, saint-père, porté sur votre siége gestatoire; comme vous étiez beau, au milieu de vos chevaux-légers, de vos gardes-suisses & autres, tous couverts de superbes armures! aussi receviez-vous plus d'adorations que l'hostie, qu'on croyoit cependant être la Divinité même.

Je vous ai entendu, saint-père, traiter avec colère, de *coglione*; le cardinal qui vous coëffoit de la mître, parce qu'il avoit dérangé quelques-uns de vos cheveux, & j'en ai bien ri; je vous ai vu déployer toutes vos grâces en jouant vos saintes farces; je vousai vu, le jour de Pâques, dessiner à grands traits votre bénédiction dans la croisée du parois de Saint-Pierre, & la distribuer généreusement aux quatre parties du monde, sans qu'aucune s'en doutât; les peintres vous avoient drapé de manière que vous paroissiez être à genoux, tandis que vous étiez assis commodément; ensorte que tout en vous étoit imposture, & je ne pus m'empêcher d'avouer que je n'avois connu de ma vie de charlatan aussi habile que vous, & que certainement vous surpassiez, au jeu de la pantomime, les meilleurs acteurs de Paris, de Londres, & les Grecs, eux-mêmes, inventeurs de cet art.

Enfin, saint-père, vous quittâtes la cour de Vienne sans avoir pu en rien obtenir; mais l'électeur de Bavière, aussi ignorant que superstitieux, vous dédommagea, chez lui, du mauvais accueil que vous avoit fait l'empereur, & ce furent les seuls honneurs que vous reçûtes dans ce voyage, car à Venise, la république vous renouvella verbalement, & par des faits, le mépris qu'elle eut toujours pour les papes, dans les temps même de leur toute puissance.

Toutes les humiliations que vous aviez reçues, & bien méritées, dans ce voyage extravagant, saint-père, auroient dû vous convaincre du grand discrédit dans lequel sont tombés le sacerdoce & la papauté, & vous auriez dû en conclure que ce vieil édifice ne pouvoit plus se soutenir que par des excès de prudence, & qu'en lui faisant éviter les moindres chocs; mais non, ces leçons vous corrigèrent si peu, que quelque-temps après, des prélats allemands ayant fait dans un colloque de vigoureux décrets pour mettre des bornes à l'autorité papale, vous fîtes encore la sottise de leur adresser une longue lettre de reproche, dans laquelle vous vous appuyâtes très-gauchement de l'autorité de la Sorbonne; vous ignoriez vraisemblablement, saint-père, que les docteurs allemands sont les hommes les plus érudits, qu'ils n'avancent jamais rien sans l'étayer des autorités les plus graves & les plus multipliées, & bientôt ces prélats vous prouvèrent qu'ils se mocquoient de votre lettre, en y répondant par une foule d'actes de cette même faculté de théologie qui pulvérisoient l'autorité du saint-siége.

Vous entreprîtes aussi, saint-père, de confondre les docteurs du synode de Pistoye & son savant évêque; vous adressâtes à ce dernier, pendant que j'étois à Rome, une lettre pleine d'inepties & d'injures grossières; j'ai sous les yeux la réponse que vous fit ce prélat; autant votre lettre déceloit l'ignorance & la présomption, autant la réponse du prélat Ricci caractérise le sage maître de sa matière.

Tant de mortifications auroient fait périr de chagrin un homme délicat sur l'honneur; pour vous, saint-père, c'est par de nouveaux crimes que vous avez cherché à vous en dédommager; vous avez dépouillé, par un procès inique, madame Lepri & ses enfans, de leurs biens pour les donner à votre neveu; & sous la fausse promesse du cardinalat, vous avez escroqué à un vieux prêtre vindicatif, un testament infâme, par lequel il a frustré de sa succession sa belle-sœur & sa nièce.

Quelle impudence à vous, saint-père, d'oser vous ériger en défenseur de la religion & de la morale, lorsque tous les actes de votre vie privée & publique prouvent votre athéisme & votre immoralité! ne sait-on pas comment vous avez gagné la prélature avec le cardinal Ruffo, &c. & la tréforerie d'état avec la maîtresse du cardinal Rezonico, &c. ensorte qu'on peut dire de vous comme de César, il fut la maîtresse de tous les maris & l'amant de toutes les femmes. Les vraies causes des cris hypocrites & impuissans que vous jettez contre les réformes justes & nécessaires que les Français ont faites dans leur église, sont la crainte de voir dépouiller le sacerdoce de ses usurpations dans toute la chrétienté, & de voir s'écrouler sous vos pieds, ce trône de tous les vices, de tous les crimes, qui est la honte & l'opprobre de l'esprit humain; c'est la perte que vous faites d'annates, de dispenses, d'indulgences, de votre influence sur le clergé de France, & particulièrement la perte du Comtat d'Avignon; les pertes précédentes ne méritent aucunes réflexions. Quant à celle du Comtat, je vous observe, saint-père, qu'il étoit intolérable, qu'un prêtre étranger possédât une principauté souveraine enclavée dans le territoire français; 2.° la comtesse de Provence n'avoit pas le droit d'aliéner ses États sans le consentement de sa nation, & du roi dont elle étoit vassale; 3.° cette aliénation ne fut qu'une escroquerie de la cour de Rome, qui ne consentit d'absoudre la comtesse de ses crimes atroces, qu'à condition qu'elle lui céderoit cette principauté, moyennant une somme d'argent que les papes n'ont jamais payée. 4°. Les peuples ont le droit inaliénable & imprescriptible de changer la forme de leur gouvernement quand il leur plaît. 5.° Enfin, la nation française, en vous retirant ce domaine, saint-pére, vous en auroit dédommagé honorablement, si vous vous étiez conduit envers elle comme la raison & vos intérêts vous le conseilloient, & elle ne vous doit plus rien, parce que vous avez préféré d'employer contre elle les armes du fanatisme & de la fourberie.

On m'écrit de Rome, que vous préparez encore, saint-père, de nouvelles bulles contre les Français, c'est leur préparer de la matière pour de nouvelles farces; car vous devez savoir que, depuis long-temps, ils regardent les prêtres comme des sots ou des frippons, & que, depuis trois ans, ils jouent sur leurs théâtres vos cérémonies, vos charlataneries, vos forfaits. Laissez-là, saint-père, les affaires de France, elles vous ont déjà causé une attaque de paralysie, & surtout un travers de bouche, qui vous a, dit-on, chagriné jusqu'au point de vous donner quelques accès de folie; cela est-il vrai? Est-il vrai aussi que c'est dans un de ces accès, que vous avez donné *in petto*, la nonciature de Francfort à l'abbé Maury? D'autres disent que vous n'avez fait ce passe-droit à vos prélats Italiens, que parce que vous désespériez de trouver parmi eux un libertin aussi impudent, un sophiste aussi éloquent, un second père *Fatutto*; si cela est, vous vous êtes trompé, saint-père, vous aviez certainement de quoi choisir chez vous; & vous vous êtes encore trompé, si vous avez cru mieux réussir contre la révolution française, en prenant pour votre avocat ce courageux athée: les Français sont bien persuadés qu'il défendra votre cause, comme il a défendu celle du clergé de France, si mal, qu'on étoit tenté de croire qu'il vouloit la perdre; d'ailleurs, les Français savent quel effet doit produire le cinisme de ce nonce en Allemagne & en Italie.

Croyez-moi, saint-père, ne faites plus de sottises, imposez-vous, & imposez à vos ouailles le plus respectueux silence sur les Français, car si vous les impatientez, je les connois capables d'aller faire exécuter leur hymne des Marseillois par vos musiciens dans la chapelle sixtine, & de vous en faire répétér le refrein en *chorus*. Ces menaces qui ne vous paroissent peut-être pas sérieuses, pourroient le devenir, & voici comment :

1°. La royauté est irrévocablement abolie en France ; cette contrée est constituée en république, une & indivisible. Tous les corps administratifs sont renouvelés, tous les traîtres sont chassés de l'armée & des places fortes ; tout marche à l'unisson, & le patriotisme domine partout. 2°. L'armée du roi de Prusse, en grande partie défaite par les batailles, par la désertion, par les prises, par la famine & par les maladies, a évacué le territoire Français ; ce Prince, en partant, a reproché durement aux freres de Louis XVI de l'avoir trompé, & de l'avoir exposé à être mal reçu chez lui. L'armée de l'empereur fait journellement des pertes par les mêmes causes. Les émigrés sont réduits à la misere. Les Français poursuivent les fuyards, ils ont déja pris les villes de Spire & de Worms ; ils vont porter la liberté dans les électorats ecclésiastiques, le Palatinat, le Brabant & le Brisgaw. 3°. Le printems prochain, les Français auront huit armées de 100 mille hommes chacune, deux aux frontieres du midi, cinq à celles du nord, une dans l'intérieur ; 40 vaisseaux sur l'Océan, & autant sur la Méditerranée. 4°. Ils ont actuellement 14 vaisseaux dans le port de Nice, & une armée de 100 mille hommes occupés à s'ouvrir les portes de l'Italie ; ils sont déjà maîtres du comté de Nice, de la Savoie ; ils vont prendre la Sardaigne, & lorsqu'ils seront en Piémont, quel obstacle pourra les arrêter? 5°. Avec de si grands moyens, s'il plaisoit aux Français d'aller éclairer vos peuples, Saint Pere, sur les crimes des papes, sur les vôtres, sur l'odieux monopole de votre chambre de l'Annone, cette source de disette, si fréquente dans vos États; sur les brigandages de la chambre apostolique; sur leurs droits, sur leurs forces, en leur proposant de les rendre libres; je connois ce peuple, Saint Pere, malgré tout ce qu'a fait le sacerdoce pour le dégrader, j'ai apperçu en lui les germes de la grandeur & des vertus des anciens maîtres du monde; je suis sûr qu'il accueilleroit les Français avec transport, & que deviendroit votre sainteté & la papauté? Ces faits & ces observations méritent de sérieuses réflexions de votre part, Saint Pere, lisez dans *le Moniteur universel* mes lettres au roi de Prusse & au duc de Brunswick, certainement ces Princes se repentent de n'avoir pas suivi mes conseils; soyez plus prudent, faites ce que je vais vous dire, & vous acquerrez une grandeur immense.

Assemblez vos peuples, Saint Pere; levez-vous au milieu d'eux, & dites leur :

„ Descendans du plus grand peuple du monde, assez & trop long-tems l'imposture a désolé votre patrie, le jour de la vérité est arrivé; je vais la dire, écoutez-moi. Mes predécesseurs, dévorés d'ambition & de cupidité, vous ont trompés, ils ont établi leur grandeur & leur pouvoir sur votre ignorance & votre crédulité, sur la superstition & le mensonge, sur l'astuce & la violence, sur les fables & les erreurs dont ils ont constamment corrompu vos esprits & vos cœurs; ils ont de même corrompu les rois & les guerriers, pour en faire les instrumens de leur passion.

„ Peuple, vous êtes, depuis dix-huit siecles, les

malheureuſes victimes de ces impoſteurs, de ces uſurpateurs, de ces fourbes avides : votre eſclavage, votre pauvreté, ſont leur ouvrage; leurs richeſſes ne sont que vos dépouilles. Dans l'origine, les papes étoient pauvres, ils regorgent de biens; ils étoient humbles, ils ſont devenus les hommes les plus orgueilleux de la terre; ils ſe diſoient les ſerviteurs des ſerviteurs de Dieu, ils ſont devenus leurs maîtres. Liſez leur hiſtoire, vous verrez qu'ils ont long-tems enſanglanté la terre pour former, pour conſerver, pour aggrandir leur domination. Comment donc avez-vous pu les conſidérer comme les miniſtres d'un Dieu de paix! Vous verrez qu'ils ont envahi par ruſe & par violence tous les biens dont ils jouiſſent, et dont ils ont enrichi leurs familles; ces brigands peuvent-ils être les ministres d'un Dieu juste? Vous les verrez preſque tous ſouillés de vices & de crimes, & cependant vous les croiriez les repréſentans de l'être le plus pur! Quel aveuglement! Comment pouvez-vous croire à un Dieu-homme? Comment pouvez-vous croire que cet homme-dieu ſoit né d'une femme ſans l'œuvre humaine; qu'il ait ſouffert comme nous les infirmités de l'enfance; qu'il ait été pendu publiquement, & qu'il ait reſſuſcité de même, ſans qu'aucun hiſtorien du tems ait rien ſu & rien écrit ſur des événemens ſi extraordinaires? Comment pouvez-vous croire qu'un homme, que les hommes même les plus corrompus puiſſent tous les jours faire un Dieu avec un morceau de pâte, le manger & le digérer? Les cloaques de Rome ſont donc pleins de Dieux? Comment pouvez-vous croire qu'un Dieu immuable ait cependant mille fois changé les lois de la nature en faveur de quelques particuliers auxquels les papes attribuent des miracles ? Enfin, comment n'avez-vous pas au moins soupçonné la mauvaise foi de vos prêtres, lorsque vous les voyiez abuser du sommeil de la raison, de l'enfance, pour lui inculquer leurs absurdités ; lorsqu'ils vous défendoient de faire usage des lumières de votre raison dans l'affaire qu'ils vous disoient être la plus importante à votre bonheur ? Comment n'avez-vous pas vu que tant de précautions étoient, de leur part, un aveu que leur religion ne pouvoit pas souffrir le moindre examen de la raison ? Peuples, je dois vous avouer, en face du ciel & de la terre, que tous les mystères, les dogmes & les miracles de votre religion ne sont que des mensonges, des absurdités, des fables ridicules : rejettez toutes ces sottises, rentrez dans la jouissance de vos droits naturels, soyez libres & souverains ; soyez vos seuls législateurs ; renouvellez la république romaine ; mais, pour vous préserver des vices & des abus qui ont anéanti l'ancienne ; ne souffrez, parmi vous, ni patriciens, ni chevaliers, ni cardinaux, ni prélats, ni évêques, ni prêtres, ni moines, ni religieuses, ni vestales ; soyez tous citoyens ; profitez des lumières des Français, pour vous donner une constitution fondée sur vos droits naturels, & qui vous en garantisse la jouissance à perpétuité. Emparez-vous des richesses des églises, employez-les à la plus grande utilité publique ; faites des pensions viagères & honnêtes aux individus religieux des deux sexes, que l'âge où les infirmités empêcheroient de se marier ; donnez des terres & des rentes perpétuelles à ceux & celles qui se marieront ; conservez précieusement vos superbes monuments anciens & modernes, & vos chefs-d'œuvres des arts, pour attirer chez vous les étrangers, qui, par leur conſommation, augmenteront les produits de votre culture & de votre induſtrie. Que votre pays, favoriſé par la nature du ſol le plus fertile, & du ciel le plus ſerein, redevienne le plus libre, le plus riche, le plus heureux ; que Rome devienne la ville vraiment ſainte par vos vertus ſociales !

» Je vous remets ma thiare ; j'eſpère que mon clergé ſuivra mon exemple ; Peuple, pardonnez-moi tout le mal que je vous ai fait, & de vous avoir laiſſé juſqu'à ce jour dans l'erreur & dans la miſère ; pardonnez-le-moi en raiſon de mon repentir ſincère & du ſervice que je vous rends ; accordez-moi, par faveur, pour le reſte de ma vie, le titre de chef de votre conſeil exécutif, en me ſoumettant aux loix & à la reſponſabilité ».

Saint-Père, quelqu'extraordinaire que vous paroiſſe le parti que je vous propoſe, il eſt le meilleur, & le ſeul qui vous reſte dans les circonſtances très-menaçantes où vous vous êtes mis par vos imprudences. Si vous avez le courage de le prendre, votre peuple, oubliant que vous avez conſtamment fait la guerre à la veuve, à l'orphelin, à la vertu, vous accordera ce que vous lui demandez ; ſi vous dédaignez mes conſeils, votre peuple ſe fera juſtice, il ſe vengera, il vous écraſera, vous & toute votre caſte.

LETTRE
AU ROI DE NAPLES.

Le premier Novembre 1792.

SIRE,

EST-IL vrai que votre majesté soit déterminée à essayer elle-même, en personne, ses armes contre les Français, pour secourir votre beau-frère, Louis XVI, votre voisin, Victor Amedée, & pour seconder l'ambition de votre neveu, François II ?

Je ne doute pas, sire, de votre courage ; si vos soldats n'avoient à se battre que contre des soldats mercénaires comme eux, peut-être qu'animés par votre exemple, ils braveroient la mort ; mais contre des soldats citoyens & des citoyens soldats ; contre des Français qui défendent leur liberté, leurs propriétés, tout ce qu'ils ont de plus cher au monde ; contre des Français qui, sans armes, sans fortifications, & trahis par leur roi, par leurs généraux, par les gouverneurs & les commandans de leurs places fortes, ont cependant vaincu les meilleurs troupes commandées par le plus grand capitaine de l'Europe, & ont purgé leur territoire des armées combinées de la Prusse, de l'Autriche & des émigrés ; contre des Français déjà maîtres de la Savoie, du comté de Nice & de plusieurs villes en Allemagne & dans les Pays-Bas ; contre une nation, enfin, qui fait à elle seule le quart de la population de toute l'Europe, & qui s'est levée toute entière, non pour faire des conquêtes & des brigandages, mais seulement pour se venger des tyrans qui l'attaquent, en portant la liberté dans leurs Etats. Vouloir essayer vos armes contre un tel peuple, en vérité, sire, c'est vous exposer à de grands dangers; je crains bien que vos premiers essais militaires ne vous soient funestes; qu'au lieu de lauriers, votre majesté ne moissonne, en France, que des cyprès, comme ont fait les rois de Prusse & de Sardaigne, l'Empereur & le duc de Brunswick, & que cette témérité, bien loin de vous couvrir de gloire, ne vous coute l'honneur & la vie, & n'introduise l'esprit révolutionnaire dans vos États, au lieu de l'en éloigner.

Vous n'êtes, sire, attaqué de cette convulsion nerveuse dont sont affectés les rois ligués contre la France, que parce que, comme eux, vous vous êtes laissé tromper par la cour de Vienne, par vos ambassadeurs, vos courtisans, vos ministres & vos prêtres, sur les causes de la Révolution Française, & sur les moyens de la renverser; ces perfides conseillers des rois sont tous intéressés à faire cause commune avec les mécontens Français, parce qu'ils prévoyent, avec raison, que tôt ou tard ils éprouveront le même sort qu'eux, si la Nation Française conserve sa liberté. Trop ignorans pour apprécier les forces de la liberté, la force des vérités que répandent les Français pour détruire les erreurs & les chaînes des peuples & la supériorité d'une armée d'homme libres sur des armées d'esclaves, ces imbéciles conseillers se sont imaginé, & ils ont persuadé à leurs maîtres, que 200 mille satellites seroient plus que suffisans pour remettre les Français dans les fers, & c'est d'après ces calculs de la sottise & de la férocité qu'on a décidé la convention de Pilnitz.

C'est en ne reconnoissant que le droit du plus fort, & en comptant sur la supériorité de leurs forces, que les rois coalisés espèrent obtenir les cruels succès qu'ils désirent ; mais si les peuples voyent que cette coalition a pour but essentiel de perpétuer le despotisme, & qu'elle est une véritable conjuration contre leurs droits naturels ; s'ils reconnoissent que leurs despotes n'ont d'argent, de soldats, de forces que celles qu'ils leurs fournissent; s'ils prennent en conséquence le parti de cesser de les armer, de cesser d'être les artisans de leurs propres malheurs, que deviendront ces despotes ? Que deviendra la royauté ? Si la révolution de France se répète chez eux, ces événemens ne seront-ils pas l'ouvrage de ceux qui auront eu l'imprudence d'y appeler les Français en s'armant contre eux ?

Il est déjà probable que la maison d'Autriche, dont l'ambition vorace & sanguinaire a ouvert cet abîme aux Monarques Européens, y sera précipitée la première ; il est certain que sans elle ces révolutions se seroient faites plus tard, sans orages, & par l'effet de la lente progression des lumières dont la guerre actuelle accélère la propagation pour le bonheur du monde.

Au surplus, sire, l'idée de l'abolition de la royauté n'est allarmante pour la plupart des rois, que parce qu'ils s'aveuglent sur ses inconvéniens désastreux pour eux-mêmes, & sur la fatalité de leur existence. Quel est le sort de la plupart des rois ? Ils sont condamnés par leur naissance & leur suprématie fantastique, à une espèce d'enfance perpétuelle ; à ne gouter jamais les douceurs de l'amitié ; à ne jamais connoître la vérité ; à être les jouets perpétuels de l'ignorance, de l'erreur, de l'adulation, de la fourberie, de l'imposture, de l'intrigue, de l'ambition & de la cupidité de tous ceux qui les entourent; ils ont toujours les mains liées pour faire le bien de leurs peuples, ils ne sont jamais libres que pour faire le mal; leur inviolabilité les rend odieux en laissant impunis tous les crimes qui se commettent en leurs noms; des millions d'hommes sont les victimes innocentes de l'orgueil, de l'ambition, de la voracité d'une poignée de princes, de courtisans & de ministres; le manteau royal ne couvre guères que des automates qui n'assistent à leurs conseils que pour y signer aveuglément tous ce qu'on leur présente, & qui ne s'asseoient sur le trône que pour y faire quelques gestes, & répéter quelques phrases préparées.

Ces phantômes de la royauté n'en font aucune fonction, ils perdent le temps en débauches, en frivolités, ils ne sont rois qu'en titre & pour la forme seulement; enfin, ils ne sont réellement que les prêtes-noms & les esclaves de leurs courtisans & de leurs ministres, jusqu'au moment où la haîne des peuples exaltée par l'excès de leur misère, terrasse le tyran qui a sanctionné toutes les causes de leur désespoir. Avouez, sire, que ce tableau de la royauté est d'une vérité affreuse.

Il est donc exactement vrai que les rois ne perdroient, par l'abolition de la royauté, sans effusion de sang, qu'un titre vain & très-onéreux pour eux-mêmes, & que cette suppression ne feroit funeste que pour les courtisans & les ministres qui perdroient tous les moyens qu'ils ont accumulés dans leurs mains pour dominer, pour piller & pour s'enrichir. Si quelques rois en se flattant présomptueusement & vainement de rompre les chaînes dont la royauté est surchargée, s'intéressoient encore à sa conservation, ce ne seroit certainement qu'à condition qu'elle resteroit revêtue du pouvoir absolu de donner leurs volontés pour des loix, de ne mettre aucune borne à leurs désirs, à leurs dépenses; de n'éprouver aucune résistance, de n'avoir aucun compte à rendre; & qu'avec le droit de laisser cet injuste & funeste pouvoir à leur postérité: mais, si les peuples éclairés enfin sur leurs droits, sur leurs forces, &, depuis si long-temps victimes du despotisme, le repoussent dans le néant; s'ils veulent que les chefs de leur gouvernement ne soient que des *Régisseurs éclairés*, laborieux, honnêtes, électifs, amovibles & responsables, que feront ces despotes? Je le répète, c'est l'imprudent essai de l'*ultima ratio regum* contre la liberté de la nation Française, qui a brisé le sceptre de cette Monarchie, & la même cause pourra produire ailleurs les mêmes effets.

Puisque cette imprudence est si ménaçante pour les rois coalisés, il est évident que pour sortir de l'embarras où les ont jetté leurs perfides conseillers, ils ne doivent plus les consulter; ce n'est pas seulement leur mauvaise foi qu'ils ont à redouter, c'est aussi leur ignorance dans la science du gouvernement; &, pour vous en convaincre, sire, je vais vous esquisser le tableau des connoissances & de la conduite des courtisans, des ministres & des ambassadeurs.

La science des courtisans & des ministres consiste à étudier les inclinations de leurs maîtres pour en abuser; à carresser, à cultiver leurs vices, lorsqu'ils en ont; à leur en donner, s'ils n'en ont point; à les exciter à la profusion; à leur inspirer du goût pour les exercices & les amusemens les plus dispendieux, sur-tout pour ceux qui leur font perdre le plus de tems, & qui les familiarisent avec le meurtre & le sang, tels que la chasse & la pêche. Leurs talens consistent aussi à semer la division dans la famille royale, afin qu'il y ait toujours à la cour deux partis contraires, entre lesquels se partage chaque famille de courtisan & de ministres, pour qu'en tout événement, une partie de chacune de ces familles soit toujours en faveur; cette discorde perpétuelle dans la famille royale produit des cabales & des scènes dont les courtisans & leurs femmes se distribuent les principaux rôles, & c'est par ce moyen qu'ils alimentent leur crédit, leur influence, leur ambition, leur avidité, leur orgueil; & pendant que les rois s'occupent de ces tracasseries, de chasse, de pêche ou de débauches, leurs ministres & leurs courtisans restent les maîtres de faire tout ce qui leur plaît. La science de ces gens-là consiste encore à se composer un maintien digniteux & un protocole de phrases insignifiantes pour répondre à tout de vive voix & par écrit, sans se compromettre; à se faire des partisans par la corruption; à persécuter les hommes attentifs à leur conduite & dangéreux pour eux par leurs lumières & leur patriotisme; à répandre des espions par-tout, pour les découvrir; à imaginer des monopoles & des agiotages auxquels ils s'associent, & des impots, dont la répartition & la perception, soient arbitraires & le produit inconnu, afin d'éviter les preuves de leurs injustices & de leurs rapines : elle consiste, enfin, à multiplier les branches de l'administration, pour augmenter leurs richesses & leur autorité, & à compliquer les ressorts du gouvernement de la manière la plus ténébreuse, pour cacher leurs sottises & leurs crimes, pour se rendre perpétuellement nécessaires, &

pour rebuter, par les difficultés, ceux qui voudroient éclairer les abus & les réformer.

Telles sont, sire, les connoissances & la conduite des courtisans & des ministres : ces fripons s'entendent aussi avec vos ambassadeurs, également intéressés, à vous tromper, & qui ne sont, ainsi que votre Majesté, instruits des affaires de France, que par leurs confrères, par les émigrés, par le comité Autrichien, & par les calomnies qu'il faisoit imprimer & répandre dans toutes les cours. Ces ambassadeurs sont, d'ailleurs, trop ignorans pour bien voir, en affaires aussi nouvelles, aussi étrangères à la diplomatie, qui n'est que morgue, espionage, intrigue, astuce, absurdités & dissimulation.

La science du négociateur consiste essentiellement à savoir composer des conventions susceptibles de toutes sortes d'interprétations, & dans lesquelles on puisse toujours trouver des moyens de rupture, selon les circonstances ; ensorte qu'on peut dire, avec vérité, que les actes diplomatiques sont autant une source perpétuelle de guerres que les actes des notaires sont une source perpétuelle de procès.

Enfin, sire, les ambassadeurs sont persuadés, comme les rois, qu'il n'y a point de morale naturelle, universelle ; ils ne connoissent que le droit du plus fort & du plus adroit : les droits de l'homme & des nations n'existent point pour eux ; jamais les intérêts directs des peuples n'entrent pour rien dans leurs négociations, excepté en matière de commerce pour en multiplier les entraves, pour en faire des moyens de rapines & d'hostilités, ensorte que la guerre des douanes remplace toujours celle des armes, & souvent la renouvelle. Telle est, sire, la science diplomatique ; il avoit donc raison, le grand

Fréderic, d'avoir le plus profond mépris pour le grimoire & pour les excellences de la diplomatie.

Tels sont, sire, les représentans & les conseillers des rois dans toutes les cours de l'Europe. Voilà, comme sont administrées les affaires intérieures & extérieures des États Monarchiques: interrogez tous ces gens-là, ils vous diront que les peuples ne peuvent être gouvernés que par l'ignorance, l'erreur & la crainte; par l'imposture & la force. En conséquence, les prêtres se sont chargés d'empoisonner l'homme dès l'enfance, d'erreurs & de superstitions; & les guerriers ou les nobles se sont chargés de convertir les incrédules, & de réduire les insurgens à coups de sabres & de fusils: & voilà ce qu'ils appellent: *l'art de régner*.

Telle est la source de tous les maux, qui, depuis tant de siècles, désolent les Nations. C'est ainsi que chaque instant de la vie des rois, est souillé d'une foule de crimes, que commettent impunément leurs mandataires en leurs noms. C'est cet abominable régime, qui a détruit les empires, dont il ne reste que le souvenir. C'est la passion pour le despotisme qui a conduit, sur l'échafaud, Charles I.er en Angleterre. C'est le despotisme rapace qu'exerçoit le ministère anglais sur ses colonies américaines, qui leur en a fait secouer le joug. Les Suisses ne se sont également rendus libres, que pour se débarasser de la tyrannique domination de l'Autriche. Enfin, c'est le despotisme qui a détruit, en France, la royauté, & les rois qui, comme Louis XVI, s'opiniatreront à vouloir conserver ce pouvoir arbitraire, éprouveront tôt ou tard le même sort que lui.

Je voudrois vous détourner, sire, de tout projet hostile contre les français, parce que ces hostilités introduiront

ront certainement l'esprit d'insurrection parmi vos peuples, qui sont extrêmement misérables. J'ai visité une grande partie de vos provinces; j'ai vécu long-temps à Naples, j'ai fréquenté votre cour; je vous ai étudié, sire; j'ai étudié la reine, vos ministres & vos peuples; je connois les vices de votre gouvernement, la situation de vos affaires; & je puis vous donner de bons conseils. Pour juger d'avance du dégré de confiance que vous pouvez m'accorder, lisez, sire, dans le Moniteur Universel de France, du 15 juillet, des 4 & 20 août, du 1er & 30 octobre, mes lettres au roi de Prusse, au duc de Brunswick, au roi de Sardaigne & au Pape; votre majesté verra que ce que j'avois prédit à ces princes est arrivé. Je ne vous répéterai point, sire, ce que je leur ai dit sur les vraies causes de la révolution française, puisque vous pouvez le lire dans mes susdites lettres; je ne vous entretiendrai que de vos intérêts les plus pressans, je vous ferai connoître la conspiration habituelle de votre méchante épouse, & du scélérat Acton contre vous, contre votre famille, & les moyens de ruiner leurs projets. Je vous ferai connoître les vices de votre gouvernement, & les moyens de les réformer. Je vous ferai voir combien votre marine est pitoyable & ruineuse, & comment vous pouvez la rendre utile; combien vos peuples sont superstitieux, ignorans, corrompus & méprisables, & comment vous pouvez les rendre éclairés, bons & heureux.

Mon zèle pour votre bonheur, sire, est fondé sur la certitude que j'ai, que la nature a tout fait pour vous, & que les efforts de l'art n'ont pu parvenir à détruire en vous un esprit juste & une ame honnête; je prouverai, par quelques détails, que mes sentimens pour vous sont les effets d'une estime sentie. Ce sont ces sentimens qui me font un besoin de vous rendre le triple service de vous porter secours par mes conseils, & de vous éclairer sur vos défauts, avec autant de justice & de franchise, que j'en employerai à prouver les bonnes qualités de votre esprit & de votre cœur.

Je sais que vous n'avez reçu sire, aucune éducation, & je vous en félicite, parce que dans les états catholiques, l'éducation des princes destinés au trône, n'est jamais confiée qu'à des nobles & à des prêtres intéressés à corrompre l'esprit & le cœur de leurs élèves, en leur inculquant des erreurs favorables à leur ambition, en leur faisant contracter des goûts & des habitudes vicieuses dont ils se promettent d'abuser, & en leur laissant ignorer tout ce qu'ils devroient savoir. Cette privation d'instruction dans votre majesté, n'a pas suffi pour tranquilliser la reine, vos courtisans & vos ministres sur les inquiétudes que leur causoient votre excellente judiciaire & votre amour pour la justice; pour vous éloigner encore davantage des affaires, & pour gouverner en votre nom, ils se sont efforcés d'assoupir vos bonnes qualités en vous donnant la malheureuse passion de la chasse & de la pêche, qui vous font perdre les neuf dixièmes de votre temps, Malgré ces défauts & votre inexpérience dans la science du gouvernement, vous êtes un génie, sire, en comparaison de votre frère d'Espagne; vous avez infiniment plus d'esprit que votre gendre de Vienne; vous n'avez ni l'obstination, ni le goût du faste & de la fausse grandeur de votre confrère de Turin, & vous avez une qualité rare dans les princes; c'est qu'au lieu d'être prévenu en votre faveur, vous vous méfiez constamment de vous-même, vous ſavez interroger & écouter; dans une foule de raiſonnemens, vous ſaiſiſſiez le meilleur; toutes les fois que vous avez voulu prendre en main les rênes du gouvernement, vous vous en êtes acquitté à merveille; ſans inſtruction, votre ſimple bon ſens vous conduit aux réſultats que d'autres n'ont ſaiſi qu'à force d'étude & d'expérience; enfin, vous avez un caractère probe & décidé, par le bien que vous avez fait, on peut juger de celui que vous ferez lorſque vous en ſentirez la néceſſité; il ne vous manque donc, ſire, pour règner avec ſageſſe & ſuccès, que de renoncer aux frivolités & de vous pénétrer d'une volonté bien déterminée d'être véritablement roi.

Je me ſouviens qu'étant à Florence, vous demandâtes, ſire, à Léopold, qui vous étaloit ſes connoiſſances dans l'art de régner: *Combien as-tu de Napolitains dans ta Toſcane?* Il y en a peu, vous répondit-il. *Hé bien*, lui répliquâtes-vous, *j'ai pluſieurs milliers de Toſcans dans mes Etats.* Cette réponſe, ſire, eſt plus brillante que ſolide, & vous auriez tort d'en conclure que vos Etats ſont mieux gouvernés que ceux de la Toſcane. Le territoire Toſcan eſt peu fertile; & quoiqu'il n'y ait pas un pouce de terrein perdu, ſes productions ne ſuffiſent point à ſa population; il faut donc que l'excédant de cette population aille chercher à vivre ailleurs. Si l'émigration eſt moindre dans les deux Siciles, c'eſt que leur territoire, quoique mal cultivé, eſt d'une fertilité ſi grande, qu'il pourroit nourrir une population double de la ſienne; c'eſt encore que les Napolitains groſſiers, ſans éducation, ſans talent, ſans inſtruction, trouveroient ailleurs peu de reſſource, tandis, qu'au contraire, les Toſcans pleins d'aménité, d'intelligence & de lumières, trouvent par-tout des moyens de fortune.

Je vous rappellerai, ſire, avec plus d'intérêt, la leçon que vous donnâtes à Joſeph II pour le guérir de ſa novomanie. „ Tu as tout changé dans tes Etats, lui diſiez-vous, tu veux enſeigner tout à tes ſujets, tu voudrois leur donner un nouveau ſoleil, une nouvelle terre, cependant tout va de mal en pire chez toi, la misère n'y a jamais été ſi grande que depuis que tu es ſur le trône, ta population diminue à vue d'œil ; quant à moi, je penſe que lorſqu'on ne peut changer les choſes en bien d'une manière évidente, il vaut mieux les laiſſer comme elles ſont ; cependant ſi l'on me propoſoit le vrai bien ; & que ce vrai bien me fût démontré, je le ferois avec la plus grande ſatiſfaction „.

Ce diſcours eſt celui d'un ſage ; on y reconnoît votre bon eſprit, ſire, votre excellent cœur, l'un & l'autre diſpoſés à ſentir la vérité, à l'embraſſer ; hé bien, je vais vous la dire.

Sachez d'abord, ſire, qu'il vous eſt impoſſible d'éviter une révolution orageuſe chez vous, ſi vous continuez de prendre les intérêts de Louis XVI & ceux de la maiſon d'Autriche, & ſi vous ne vous hâtez de faire dans votre gouvernement les réformes néceſſaires. Sachez auſſi qu'il vous ſera impoſſible de ſuivre ces conſeils auſſi long-temps que vous ſerez ſous la domination de l'Autrichienne la plus dévorée d'ambition pour ſa famille & de haîne contre la vôtre ; d'où il réſulte que les premiers actes de juſtice que vous devez à vos peuples qui déteſtent la reine & le général Acton, & que vous vous devez à vous-même pour la sûreté de votre vie, ſont de faire renfermer promptement votre redoutable ennemie, ou de la renvoyer à Vienne ſous garde sûre & de faire pendre Acton. Oui ſire, ſans ces opérations préalables, vous ne pourrez ni éviter votre perte, ni conquérir la confiance & l'amour des Napolitains, dont vous avez abſolument beſoin pour faire ces réformes convenables à vos vrais intérêts, qui ſont inſéparables, & les mêmes que ceux de vos peuples.

Vous n'êtes pas, ſire, dans le cas de l'empereur Claude, qui ſeul dans Rome ignoroit les débordemens de Meſſaline; je me rappelle la réponſe ſpirituelle que vous fîtes à un courtiſan qui vous plaignoit du libertinage de la reine; *laiſſez-la faire*, lui répondites-vous, *elle croiſera ma race qui en a beſoin;* mais vous ignorez les excès auxquels ſe livre cette femme lubrique avec ſon cher Acton. Voyez-les ſe voluptueuſer derrière une tapiſſerie à claire-voie qui les cache & les laiſſe jouir du ſpectacle des deux ſexes nuds, exécutant tous les actes de la pédéraſtie, de la tribaderie, &c....

Parce que vous n'avez fait, ſire, aucune étude, vous avez une grande opinion du ſavoir de la reine, elle vous en impoſe par quelques lieux communs d'hiſtoire, de philoſophie & de médecine, dont elle a chargé ſa mémoire, & dont elle fait les plus ſottes applications; c'eſt une pedante abſurde qui a lu quelques livres ſans y rien comprendre, & qui n'a aucune connoiſſance réelle, aucun talent, aucune vertu; vous reconnoîtrez vous-même, ſire, la ſottiſe de la reine, ſi vous faites attention avec quelle rapidité, dans ſon bavardage, elle paſſe d'un ſujet à un autre ſans ſuite, ſans rapports entre eux, il lui eſt impoſſible de lier enſemble trois idées concordantes. Rappellez-vous, ſire, la conſultation qui ſe tint en 1788 dans la chambre du feu prince royal, qui se mouroit; sa marâtre n'eût-elle pas l'impertinence d'interrompre les médecins les plus célebres, pour leur citer des phrases qu'elle avoit lues dans l'avis au peuple de Tissot, & dont elle faisoit la plus fausse application par excès de présomption & de bétise. Si cette femme n'étoit que libertine & pédante, elle ne seroit que méprisable, & je n'en parlerois pas; mais elle prodigue à son amant, à ses tribades, à ses favoris, le sang de vos peuples, sire, qu'elle se fait un plaisir de ruiner, comme faisoit sa sœur Antoinette en France; mais cette femme vous déteste, elle ne s'intéresse qu'à faire retomber votre royaume sous la domination Autrichienne; c'est pour cela qu'elle a détruit, tant qu'elle a pu, ses enfans mâles, & qu'elle ne conserve que ses filles; &, si vous ignorez ces vérités, sire, vous êtes le seul dans Naples; enfin, c'est parce qu'on connoît cette scélératesse de la reine, qu'elle est en exécration à tous vos sujets, qui l'accusent d'ailleurs, avec justice, de tous les maux qu'ils souffrent; il vous est donc impossible, sire, de vous faire aimer de vos malheureux sujets, si vous ne les délivrez pas, ainsi que vous-même, de cette femme horrible, d'Acton & des autres ministres & favoris qui ont leur confiance particulière.

L'histoire nous montre assez de monarques que les infidélités de leurs épouses n'ont point empêché de régner avec gloire; mais, c'est qu'ils ne leur permettoient pas de se mêler, en aucune manière, des affaires du gouvernement; & vous, sire, comment pouvez-vous souffrir qu'une femme telle que Marie-Caroline régne à votre place! N'est-ce pas vouloir le malheur de vos peuples? N'est-ce pas courir à votre perte? Quelle honte qu'un pareil monstre préside à votre conseil d'Etat, & dirige tous vos intérêts publics, pendant que vous faites la guerre aux bêtes fauves, aux poissons, pendant que vous vous amusez à vendre le produit de votre pêche à vos poissardes, à écouter leur grossièretés, à leur en répondre dans leur patois, à manger le macaroni à leur manière, en les contrefaisant, en leur prenant les mains! Vous croyez, sire, vous faire aimer de vos peuples par cette excessive popularité, vous vous trompez, cette conduite ne plaît qu'à cette dernière classe du peuple, qui mérite, à Naples, le titre méprisant de *canaille*, parce que les individus, qui la composent, ne savent ni lire, ni écrire, n'ont ni feu, ni lieu, sont presque nuds, & couchent constamment dehors, sous un ciel qui, à la vérité, est presque toujours pur & serein. Quelques poignées de macaroni mal cuit, quelques fruits & quelques verres d'eau à la glace, toutes choses qu'ils se procurent, pour six ou sept grains, suffisent chaque jour à leur nourriture; ensorte que les salaires de trois commissions qu'ils font dans une matinée, leur procurent de quoi vivre pendant deux jours; ils passent le reste du tems, tantôt à se pâmer de rire devant un Polichinel, tantôt à pleurer à chaudes larmes, & à se donner des coups de poing sur la poitrine devant un charlatan religieux, qui les effraye par les grimaces convulsives qu'il leur fait, en les menaçant des tourmens horribles de l'enfer; charlatanisme extrêmement dangereux, & que vous n'eussiez jamais dû souffrir. Cette populace vit sans soucis, sans inquiétude, elle se croit heureuse, & ce sont les seules gens qui vous aiment, sire, les autres classes du peuple qui ont quelque instruction, quelque talent, quelques propriétés, sentent bien leur misere, ils en connoissent les caufes, & ils vous méprifent. Un fait que je me rappelle, me prouve combien vous êtes dans l'erreur à cet égard ; le voici :

Un jour caufant avec l'empereur Jofeph II, vous lui dites : Sire, avec cette ingénuité qui peint votre bon caractere, „ Tu menes une vie dure, tu manges mal, tu digeres mal, tu dors mal, tu veux tout faire, tu ennuies tes miniftres & tes départemens, tu es martyre de ta novomanie, tu te fais haïr de tous tes fujets, au point qu'ils fe réjouiffent toutes les fois qu'ils te voient entreprendre quelque voyage, tandis que moi, je mange bien, je digère de même, je dors tranquillement, je m'amufe, & je fuis tellement adoré de mon peuple, que, lorfque je veux m'abfenter, je fuis obligé de m'en aller de nuit, fans quoi il ne me laifferoit point partir. „

Ce qui vous concerne perfonnellement, Sire, dans ce difcours, n'eft pas entièrement exact. La claffe très-nombreufe des *Paglietti*, tout en rendant juftice à vos bonnes qualités, déplore votre aveuglement, votre foibleffe exceffive envers la reine & le général Acton; oui, fire, les bons citoyens de votre capitale vous reprochent non-feulement le tems que vous perdez à des exercices abrutiffans, ils vous reprochent auffi de vous être déshonoré par le traité honteux que vous avez fait avec Pie VI, fans motifs & fans raifon; fi vous vous étiez feulement donné la peine, fire, de lire l'hiftoire civile de Giannone, vous auriez vu qu'aucun prince étranger, & encore moins un vilain prêtre, ne peut avoir de droits fur la nomination aux évêchés, & autres bénéfices de vos Etats. En ne confultant même que votre bon fens naturel, il vous diroit qu'on peut très-bien ſe paſſer d'évêques, de bénéficiers, de moines, de chanoines, de religieuſes, & de toutes autres inſtitutions de ce genre, qui ne ſont que les créations de l'impoſture la plus ambitieuſe & la plus avide, depuis trop long-tems reſpectées par l'ignorance, l'erreur, la ſuperſtition, la crainte & la crédulité; je reconnois bien dans cet abſurde concordat la main de Marie-Caroline, qui joue ridiculement l'eſprit fort, quoique remplie de ſuperſtition, & qui ſait allier la dévotion des femmelettes avec les crimes des ſcélérats.

Quant aux habitans de vos provinces, ils ne vous aiment, ſire, ni ne vous eſtiment; ceux de l'Abruze & de la Capitanate vous déteſtent, & principalement ceux des deux Calabres & de la Sicile; ils vous reprochent avec juſtice de n'avoir jamais viſité leurs provinces ruinées par des tremblemens de terre, & où vous auriez dû employer au ſoulagement de leur miſere les ſommes immenſes que vous avez proſtituées en voyages inutiles chez l'étranger. Je ſais que vous avez deſtiné, ſire, quelques ſommes au ſoulagement de ces malheureux, mais au lieu de les leur envoyer par Pignatelli, qui en a détourné à ſon profit la plus grande partie, & qui a ainſi dévoré la ſubſtance du pauvre impunément, parce qu'il eſt protégé par la reine, vous auriez dû, ſire, leur porter & leur diſtribuer équitablement ces ſecours vous-même; en rempliſſant ce devoir, ſi digne d'un bon roi, vous auriez acquis l'eſtime des hommes ſenſibles & la toute-puiſſance que donne la reconnoiſſance & l'amour des peuples.

Que n'auriez-vous point à craindre, ſire, du mécontentement de vos malheureux ſujets, ſi, pour ſe venger de vos inſultes, les Français alloient leur propoſer de les délivrer de tous les genres de tyrannie qui les oppriment? Hé bien! sachez, sire, que le nouveau gouvernement de France est irrité des mauvais traitemens qu'ont éprouvé les Français qui résidoient dans vos Etats lors de la révolution de leur patrie, & de l'accueil que vous avez fait depuis aux émigrés ; il est irrité des calomnies de votre ambassadeur à Constantinople pour empêcher la réception de M. de Semonville à cette cour; il est irrité des ordres donnés par le général Acton pour mettre en quarantaine, & pour priver de toute communication les vaisseaux français armés en guerre qui paroîtront dans les ports de Messine & de Siracuse, & bientôt, sire, vous pourrez être la victime de ces attentats aux droits des gens, si vous ne les réparez pas promptement par le rappel de votre fougueux ambassadeur à la Porte, par la déclaration la plus authentique de votre neutralité dans les affaires de France, par l'expulsion des émigrés qui peuvent être dans vos Etats, par le désaveu & la révocation des ordres donnés contre les vaisseaux français. Ne négligez, sire, aucuns de ces moyens, ce n'est que par eux que vous pourrez désintéresser les Français à tirer vengeance des insultes qu'on leur a faites en votre nom ; comme ce n'est qu'en vous débarrassant de vos ennemis domestiques que vous pourrez gagner la confiance de votre nation, & les forces & le tems nécessaires pour rétablir dans vos états l'ordre, la justice, l'abondance & la félicité par les moyens que je vais vous expliquer.

Le gouvernement d'une nation, telle que la vôtre, sire, dont le territoire est assez vaste & assez fertile pour produire abondamment tout ce qui est nécessaire aux besoins de ses habitans, doit être essentiellement agricole, c'eſt-à-dire, que tous ſes ſoins doivent avoir pour but eſſentiel la plus grande proſpérité de ſon agriculture, la plus grande abondance de ſes productions territoriales, d'où réſultent néceſſairement les plus grandes reſſources du commerce & de l'induſtrie, l'aiſance générale de toutes les claſſes des citoyens, & la richeſſe du revenu public.

Pour obtenir cette grande proſpérité de l'agriculture, le gouvernement doit faire enſorte qu'il ſoit exactement vrai que de toutes les ſpéculations lucratives, conſtantes & ſolides, aucunes ne ſoient plus avantageuſes que celles en économie rurale, afin que les richeſſes des capitaliſtes & des cultivateurs ſoient toujours employées de préférence aux opérations agricoles.

Il faut en ſecond lieu établir dans chaque principale ville des provinces du royaume une banque rurale où les papiers de commerce puiſſent être eſcomptés à un intérêt modique, & où, moyennant un foible intérêt & une caution ſolvable, on puiſſe emprunter l'argent néceſſaire pour exécuter de bonnes opérations agricoles, ou pour établir des manufactures à l'uſage du peuple. Dona Eléonore Fonceca Pimentel à fait ſur cette matière un ouvrage intéreſſant, & cet auteur mérite que vous récompenſiez, Sire, ſes talens & ſes vertus.

Plus les avances qu'on fait à la terre, ou plus les dépenſes de la culture ſont conſidérables & bien faites, plus alors la terre produit; elle reſtitue par ſes productions, non-ſeulement toutes les avances des cultivateurs, & l'intérêt de ces avances, & l'intérêt de celles des propriétaires fonciers, mais encore un excédant conſidérable, & dans cet excédant, ou produit net de la culture, ſe trouve la portion qui appartient au revenu public;

enſorte que ce revenu, ou l'impôt territorial, & les bénéfices que ſont les cultivateurs & les propriétaires fonciers, ne coûtent rien à perſonne, & ſont un pur don de la nature ou de la terre.

Pour obtenir ces avantages de la culture, il faut que les avances ou les dépenſes néceſſaires pour obtenir les récoltes, chaque année, pour entretenir les inſtrumens arratoires, pour indemniſer les cultivateurs des pertes qu'ils éprouvent par les intempéries des ſaiſons, par les maladies & les mortalités des beſtiaux, & pour l'entretien & l'amélioration des avances qui ſont à la charge des propriétaires fonciers, il faut, dis-je, que toutes ces avances ſoient parfaitement libres & immunes; d'où il ſuit que la contribution publique aux dépenſes du gouvernement, ne doit être aſſiſe que ſur le produit net de la culture. On a calculé, en France, que le cinquième de ce produit net eſt tout ce qui appartient au revenu public, & l'on a démontré que tout autre impôt étoit arbitraire, oppreſſif & ruineux pour la nation & pour le gouvernement.

D'après ce principe, il faut que le commerce & l'induſtrie ſoient parfaitement libres & immunes.

Il faut que la concurrence des vendeurs & des acheteurs, des artiſans & des fabricans, ſoit la plus grande poſſible. D'où il ſuit que les priviléges excluſifs de négoce & de manufactures & les monopoles, ſont des crimes, & que vendre le droit de travailler, c'eſt vendre le droit de vivre; c'eſt une atrocitée.

Il faut enfin que la circulation des ſubſiſtances & des marchandiſes brutes & fabriquées, leur importation & exportation ſoient faciles, libres & immunes; il ne faut donc pas qu'elles ſoient arrêtées, ni rançonnées en route par des péages inutiles, par des douanes & des impôts à l'entrée ni à la sortie, qui font perdre beaucoup de temps aux voituriers, qui augmentent leurs frais, qui causent l'avarie des marchandises, & qui les renchérissent aux dépens des producteurs & des consommateurs.

Il suit de ces principes certains qu'une des premières opérations que vous devez faire, Sire, pour le rétablissement de l'agriculture de votre royaume, c'est de faire établir, le plutôt possible, par des hommes intègres & intelligens, la contribution du cinquième du produit net de toutes les propriétés foncières, sans exception, en annonçant que les autres impôts seront supprimés à mesure que le produit de cet impôt territorial suffira aux dépenses indispensables du gouvernement.

Je vous observe à ce sujet, Sire, que le produit de cette contribution sera foible d'abord, parce que la culture de votre territoire est misérable, mais qu'il augmentera & deviendra bientôt considérable sous le régime de l'ordre. Je vous observe, en second lieu, que les ressources & les réformes que je vais vous indiquer diminueront tellement les dépenses de votre gouvernement, qu'à l'instant où vous aurez décidé ces opérations, vous pouvez supprimer les impôts les plus onéreux, tels que ceux qui renchérissent la nouriture, le vêtement, toutes les consommations du peuple.

D'après ces conseils, vous devez entrevoir, Sire, combien votre gouvernement est vicieux dans ces parties essentielles, combien la source de vos richesses, ou l'agriculture de vos Etats est appauvrie par une multitude d'impôts arbitraires & d'établissemens ruineux. . . .

Renoncez, Sire, aux pâturages usurpés par vos prédécesseurs, dans vos provinces de Tavoglière & de Regii-

Stuchii. C'eſt un deſpotiſme abſurde, de vendre à des bergers le droit de faire paître leurs moutons dans des plaines où l'on pourroit cultiver très-avantageuſement des blés, des vignes, des oliviers, & d'empêcher les propriétaires de ces terres de les mettre en valeur. Les rois ſont-ils faits pour ſtériliſer & dépeupler la terre ?

Souvenez-vous, Sire, que vos Etats étoient, il y a vingt-deux ſiècles, partagés en pluſieurs républiques, preſque toutes démocratiques, extrêmement riches & peuplées, & que la Sicile étoit le grenier de l'Europe ; que ces pays ſont affreuſement changés, depuis qu'ils ſont ſous la royauté !

Toutes vos villes & vos bourgs avoient, ſous la domination des Romains, des municipalités populaires. Ces municipalités, depuis long-temps entre les mains des nobles, forment des ariſtocraties tyranniques qu'il faut abolir. Rendez, Sire, à vos peuples, l'adminiſtration des propriétés publiques & de leurs intérêts communs. Rendez-leur l'élection de leurs officiers municipaux, de leurs juges, des miniſtres de leurs cultes, & de leurs repréſentans; rendez-leur la répartition & la perception de leurs contributions. Ces peuples alors ſortiront de l'état preſque ſauvage auquel ils ſont réduits, ils ſe formeront un véritable eſprit public, national & patriotique ; ils deviendront une véritable nation, au lieu de n'être que des troupeaux d'eſclaves.

Vos provinces, Sire, ſont déſolées & dévorées par un code féodal, qui rend les neuf dixièmes de votre nation eſclave de la nobleſſe. Nulle part, cette nobleſſe n'a fait autant de mal que dans les deux Siciles, parce que nulle part elle ne poſsède des droits plus abſurdes & plus tyranniques ; il faut donc abolir cette nobleſſe

& son misérable code, les fiefs, les justices seigneuriales, & tous les droits qui y sont attachés.

Quoique la nécessité de détruire cette noblesse soit suffisamment justifiée par les brigandages que vos nobles exercent sur vos cultivateurs, Sire, & par l'histoire qui accuse les anciens nobles d'avoir rendu les peuples esclaves, & leur postérité d'avoir perpétué cet esclavage, & par les efforts que font actuellement ces nobles pour étouffer la liberté française ; cependant je crois devoir éclairer encore votre majesté par les raisons suivantes, sur la nécessité de détruire ce fléau.

La noblesse est une distinction. Toute distinction, dans la société, suppose, dans celui qui l'obtient, des services par lui rendus à la société ; or, un enfant qui vient de naître, n'a rien mérité, il est donc absurde de lui donner la distinction de la noblesse avec toutes ses prérogatives.

Mais, dit-on, par l'hérédité de la noblesse, on reconnoît, dans cet enfant, les services de ses ancêtres. On demandera d'abord à qui ont-ils rendu ces services, puisque les peuples étoient esclaves, & que la plupart le sont encore.

Ces services ne sont que des suppositions gratuites, puisque, dans l'origine, la noblesse s'acquéroit par le simple service militaire, qui n'étoit alors qu'un brigandage atroce, ou par l'acquisition d'un fief, qui ne suppose aucun mérite, aucun service, & qui n'étoit qu'une usurpation ; ou par la faveur du prince, qui, le plus souvent, ne récompensoit ainsi que la bassesse & la prostitution. L'hérédité de la noblesse ne rappelle donc que des usurpations & des crimes impunis.

L'hérédité de la nobleſſe, eſt une diſpenſe de mériter cette diſtinction; & quoi de plus abſurde, de plus injuſte, de plus anti-ſocial, que de diſpenſer une claſſe d'hommes d'acquérir du mérite? N'eſt-ce pas vouer cette claſſe à l'ignorance, à l'orgueil, à tous les vices? Eſt-il tolérable que les honneurs, les dignités & les premiers emplois du gouvernement, qui exigent des talens & des vertus, ſoient excluſivement réſervés aux hommes les plus ignorans, les plus corrompus? N'eſt-ce pas éteindre l'émulation dans les autres claſſes de la ſociété? n'eſt-ce pas vouer cette claſſe privilégiée à la jalouſie, à la haine des autres claſſes qu'elle mépriſe, qu'elle opprime & qu'elle ruine?

Quelle inconſéquence de mépriſer, d'exclure de la ſociété les bourreaux qui font métier de tuer les criminels, d'après les ordres de la juſtice, & de reſpecter, de donner le premier rang, dans la ſociété, à des hommes qui ſollicitent l'emploi de maſſacrer, au ſeul ordre d'un deſpote, des milliers d'innocens, de ravager les récoltes, d'incendier les villes, les campagnes, de violer, d'égorger les filles, les femmes, les enfans & les vieillards; de faire, en un mot, le métier de la guerre, qui eſt exactement la réunion de tous les crimes. La profeſſion militaire, n'eſt honnorable que dans les républiques démocratiques, où tous les citoyens ſont ſoldats, & lorſqu'ils emploient leurs armes à la défenſe de leur liberté & autres droits naturels.

Monteſquieu, gentilhomme gaſcon, a dit: *Point de monarchie ſans nobleſſe, elle eſt le ſoutien du trône;* & les nobles ſe ſont fait une arme de cette aſſertion, pour défendre leurs prérogatives: ils avoient raiſon; car,

car, monarchie & despotisme, étant sinonimes par le fait, & le despotisme ne pouvant s'exercer que par la violence, il faut bien que les despotes s'entourent de gens d'armes, pour contenir, dans la crainte & dans une obéissance servile, les peuples qu'ils pillent & qu'ils oppriment, ou pour repousser leurs insurrections. Or, détruire la noblesse, c'est désarmer le despotisme, c'est le détruire; &, dans ce sens, il est vrai de dire, point de monarchie sans noblesse. Un homme d'esprit a expliqué comment la noblesse est le soutien du trône. Il a dit, qu'elle le soutenoit comme la corde soutient le pendu, en l'étranglant. En effet, les nobles n'ont pas cessé de faire la guerre aux rois, jusqu'à l'époque de la destruction de leurs châteaux-forts; & depuis que, sous prétexte de les apprivoiser, on a fait la sottise de les attirer dans les cours, ils s'en sont rendus les maîtres; ils n'ont pas cessé d'y solliciter des pensions, des gratifications, des moyens de dominaton & des rapines. C'est cette perpétuelle mendicité des nobles, qui, par-tout, dévore les contributions des peuples, ruine les états; & c'est ainsi que la noblesse soutient le trône. Puisqu'elle est un fléau pour les rois & pour les peuples, il faut donc l'abolir. Qu'il n'y ait donc plus de distinctions héréditaires.

Abolissez aussi, Sire, les primogénitures, les droits d'aînesse, les fidéi-commis & les substitutions foncières.

Abolissez l'usage absurde des contrats à la voix.

Réformez de votre marine les gros vaisseaux & les frégates de trente-six pièces de canon de 24 livres de bales, ils vous sont inutiles & onéreux; Acton ne vous a fait consentir, Sire, à cet établissement, que pour se procurer un nouveau moyen de pillage, pour fournir plus d'argent à la reine, & pour s'enrichir lui-même. Votre marine ne doit avoir pour objet que de protéger vos côtes & votre commerce contre les barbaresques. Ces pirates n'ont que de petits vaisseaux, pour pouvoir approcher les côtes d'Afrique, qui ont peu de fonds, & qui, par cette raison, sont inabordables aux gros vaisseaux; d'ailleurs, les gros vaisseaux ne valent rien pour donner la chasse aux chébecs & aux brigantins africains, qui sont extrêmement légers & vîtes à la course, il faut donc que les bâtimens qui les poursuivent, soient de la même légèreté; toutes raisons qui prouvent l'ignorance ou la mauvaise foi d'Acton.

Dès que l'ordre sera rétabli chez vous, sire, vous pourrez réduire le nombre de vos troupes à douze mille hommes, ils suffiront pour protéger la sûreté publique dans vos états; vous distribuerez cette force publique dans vos provinces, pour y faire continuellement la guerre aux vagabonds, aux brigands, aux voleurs. Vous licencierez le reste de votre armée, parce qu'elle ne seroit qu'une dépense inutile & onéreuse pour votre nation, qui ne doit payer que ce qui est nécessaire à sa prospérité; par cette même raison, vous devez supprimer aussi vos ambassades, qui sont absurdes, dangereuses, ruineuses & réellement inutiles, ainsi qu'il résulte des observations suivantes.

La position géographique de vos Etats, sire, est unique & la plus heureuse de toute l'Europe; vous n'avez point de voisins dangereux; les Barbaresques seuls vous incommodent; mais en vous concertant avec les Espagnols & les Français, pour délivrer à jamais & réciproquement votre commerce de ces pirates, l'opération ne seroit ni longue, ni difficile, ni dispendieuse. Séparé de toutes les grandes puissances, elles n'ont rien à démêler avec vous, vous n'avez aucun intérêt immédiat à leurs affaires; & en vous préservant des sottises des ambassadeurs, des alliances inutiles & des ligues dangereuses, votre majesté seroit dispensée d'entrer dans leurs tracasseries politiques, & pourroit jouir, chez elle, d'une paix perpétuelle.

Un des plus grands services que vous puissiez rendre à vos peuples, sire, c'est de briser, pour toujours, les chaînes de l'erreur & de la superstition, que les prêtres leur imposent dès l'enfance, pour les tenir, pendant toute leur vie, sous le joug de leur orgueil, de leur ambition & de leur cupidité. Sire, ces prêtres sont plus rois que vous, plus puissans, plus despotes, car ils exercent leur despotisme jusques sur les rois, vous l'éprouvez tous les jours; & je le répète, votre concordat avec le pape en est une preuve bien honteuse. C'est en votre nom, sire, que votre peuple reçoit les ordres de vos mandataires, & vous ne les leur donnez que publiquement; c'est au nom de Dieu qu'il reçoit ceux des prêtres, & ces athées les leur donnent en chaire & dans le confessionnal; en chaire, ils lui disent: obéissez aux rois, respectez-les; mais dès qu'un roi contrarie les intérêts du prêtre, celui-ci dit à l'oreille du peuple, sans témoins & sans risques: il vaut mieux obéir à Dieu qu'aux rois, le vôtre est un tyran, un impie, il est l'ennemi des prêtres, qui sont les organes de la divinité; il est donc l'ennemi de Dieu, & vous devez le venger, en faisant périr son ennemi; il lui persuade en même tems que ce régicide lui méritera son bonheur éternel,

s'il a le courage de l'exécuter, & qu'il ne peut éviter les tourmens de l'enfer s'il n'obéit pas. Or, de quels excès ne sont pas capables des hommes crédules, ignorans & superstitieux, & dont l'énergie est ainsi exaltée par le fanatisme? Telle est, sire, la source de presque tous les régicides, dans les Etats catholiques sur-tout, & l'histoire en fait foi. Lisez, sire, dans le moniteur universel du 31 octobre dernier, la lettre où je fais avouer au pape dans une harangue au peuple Romain, toutes les vérités qui foudroient le sacerdoce.

Mais, direz-vous peut-être, sire, si nous brisons le frein de la religion, comment pourrons-nous contenir le peuple enclin à l'erreur par son ignorance, au brigandage par sa pauvreté, à la trahison par sa foiblesse, au meurtre par sa brutalité? Hé, sire, pourquoi ce peuple est-il ignorant, pauvre, foible & brutal? Son ignorance est un crime du gouvernement, qui lui refuse l'instruction, parce qu'il craint ses lumières; ses erreurs ne sont que celles qu'on lui inculque avec tant de soin dès l'enfance, pour corrompre son esprit & son cœur, & pour le tenir perpétuellement dans la servitude & l'avilissement; il n'a que les vices que lui donnent le despotisme & l'imposture sacerdotale, le despotisme royal & ministériel, celui de la noblesse, celui des magistrats, celui des financiers; ce sont tous ces ennemis du peuple qui l'excitent à la fourberie, en l'affoiblissant; à la rapine, en l'appauvrissant; à la férocité, en le tyrannisant; toutes les voies du crime lui sont ouvertes, toutes celles à la vertu lui sont fermées.

Trois moyens certains sont dans les mains des chefs de gouvernement, pour guérir & préserver le peuple des erreurs & des vices, pour l'intéresser à faire le bien, pour le désintéresser à faire le mal, pour le réprimer, pour le rendre vertueux & heureux, & ces moyens sont, l'instruction, l'émulation & la crainte.

Fermez à ce peuple toutes les voies de l'erreur, dirigez-le dans celles de la nature & de la vérité, par une éducation vraiment nationale, par une instruction parfaitement sociale, il ne péchera plus par ignorance. Fermez-lui les voies de la misère, qui est la mère de tous les vices, de tous les crimes; débarrassez-le de toutes les causes qui l'oppriment, il ne sera plus féroce; ouvrez des routes à son émulation; qu'il soit libre de penser, d'agir, de faire tel usage raisonnable qui lui conviendra, de ses facultés physiques & morales; respectez ses propriétés; qu'il jouisse pleinement de ses droits naturels & de la liberté de conscience, qui en fait partie; intéressez-le à n'en faire qu'un usage utile à la société, en lui assurant des récompenses proportionnées aux services qu'il lui rendra, en lui assurant sa fortune & son avancement, en proportion de ses talens, de ses connoissances & de leur utilité pour la société; contenez-le dans le devoir par la certitude & la crainte des peines, proportionnées à ses délits; qu'aucun service rendu à la patrie ne reste sans récompense; qu'aucun crime ne reste impuni, sans aucune distinction de rang, d'état ni de naissance.

Que le peuple ne connoisse plus de vertus, que les actions utiles à la *société*; de vices, que les actions qui nuisent à soi-même; & de crimes, que ceux qui sont nuisibles à ses semblables. Attachez les yeux de l'homme sur la terre, où il doit faire son bonheur; que son imagination ne soit plus égarée dans le vague des airs, dans le monde chimérique de la superstition ; que ses yeux ne soient plus éblouis par le faste orgueilleux du sacerdoce, ni par la pompe de ses farces absurdes ; que ses oreilles ne soient plus étourdies par le bruit imposant de la sonnerie ; qu'il redevienne enfin l'homme de la nature, alors les vertus du peuple deviendront aussi communes qu'elles sont rares, & nous cesserons de nous en étonner.

D'après ces principes de la raison, vous devez, sire, renoncer à toute relation avec la cour de Rome, vous devez établir, dans vos Etats, la liberté de conscience. Un gouvernement sage doit admettre la liberté de tous les cultes, sans en préférer aucun, parce que cette préférence rendroit le culte qui l'obtiendroit, dominant, orgueilleux, intolérant & très-nuisible. Que les vœux religieux des deux sexes soient abolis, parce qu'ils sont contraires aux loix de la nature, aux intérêts de la société, & qu'ils sont une source de vices & de crimes.

Que toutes les confrairies, congrégations, communautés & corporations religieuses des deux sexes, soient supprimées.

Que chacun soit libre de choisir & de payer un directeur de conscience, comme un procureur pour ses affaires, & que le gouvernement ne se mêle pas plus de l'un que de l'autre.

Ne permettez l'exercice des différens cultes, que dans l'intérieur des temples & des maisons.

Ne souffrez aucun autel, image, croix, statue, aucun signe de religion, dans les places publiques, les carrefours, les rues, sur les quais, les chemins, ni sur l'extérieur des maisons & des temples, parce que ces signes seroient des points de ralliement pour le peuple, entretiendroient sa superstition, & occasionneroient des rassemblemens, lesquels obstrueroient la voie publique, qui doit toujours être libre.

Défendez aux ministres des différens cultes de porter, hors de leurs temples, des habits, ni aucune marque qui les distingue des autres citoyens, parce que ces distinctions les enorgueilliroient, causeroient des rivalités, des factions, des préférences, seroient une sorte de talismans dangereux pour le peuple. Ne permettez aux différens cultes aucune sonnerie; ne laissez qu'une seule cloche dans les villages, les bourgs & les petites villes, pour les assemblées municipales, & pour le tocsin en cas d'incendie, & deux ou trois, selon le besoin, dans les grandes villes; faites faire des canons & des bombes de toutes les autres.

Que la naissance, le mariage & le décès ne soient plus, aux yeux de la loi, que des actes purement civils & constatés par des officiers municipaux, & établissez le divorce.

Déclarez appartenir à la Nation tous les biens ecclésiastiques des deux sexes & les richesses des églises & de leurs maisons.

Chargez les municipalités, sous leur responsabilité, de l'inventaire, de l'évaluation & de la vente de ces biens aux plus offrans & derniers enchérisseurs; accordez-leur une remise sur le prix des ventes pour leurs frais & soins.

Donnez des pensions viagères honnêtes aux individus religieux, séculiers & réguliers des deux sexes. Renvoyez-les de leurs cloîtres & maisons avec les linges & habits à leur usage, qu'ils ne puissent plus vivre en commun & qu'ils soient libres de se marier.

Destinez dans chaque village une partie des terres labourables des nouveaux domaines nationaux à être vendue en petites portions à tous les habitans qui voudront en acheter pour les cultiver; & que cette vente soit faite moyennant une rente au denier 20, dont chaque acquéreur pourra rembourser, à volonté, le capital déterminé par l'adjudication & l'acte de vente, afin de multiplier les propriétaires fonciers qui par-tout sont les citoyens les plus utiles.

Les deux Siciles manquent de routes & de chemins de traverse; ainsi il faut destiner une autre partie des terres ecclésiastiques à ces établissemens absolument nécessaires.

Quant au produit de la vente du surplus de ces biens, il faut l'employer, 1°. à payer les dettes de l'état, celles des chapitres & des maisons religieuses, celles des provinces & des municipalités.

2°. A établir des écoles nationales & gratuites pour les pauvres des deux sexes dans tous les villages, les bourgs & les villes.

3°. A construire les ponts, les canaux & les chemins nécessaires. Vous n'avez pas, sire, de grandes rivières dans vos provinces; ainsi vous ne pouvez pas faire des canaux de navigation intérieure, mais vous pouvez en faire d'arrosemens qui sont très-nécessaires dans votre territoire; il en résultera l'augmentation du produit & de la valeur des terres, l'accroissement de la population & du revenu public.

4°. A réparer les désastres causés par les tremblemens de terre, sur-tout dans les campagnes, & à y rétablir des villages & des fermes.

5°. A établir les banques rurales dont j'ai parlé ci-devant.

6°. A fonder des prix d'émulation & des fonds pour l'impression des livres élémentaires nécessaires à l'instruction publique, & pour récompenser les découvertes & les perfections dans les arts & métiers d'utilité générale.

Telles sont, sire, vos ressources, vos intérêts, ceux de vos peuples, & les moyens de réparer les crimes de vos prédécesseurs, de vos nobles, de vos prêtres, & les vices de votre gouvernement; vous concevez certainement les avantages immenses qui doivent résulter de toutes ces opérations. Mais vous devez prévoir, en même-tems les obstacles que s'efforceront de multiplier contre ces projets ceux qu'ils doivent mécontenter, & qui sont intéressés à perpétuer les abus dont ils profitent. Ces mécontens effrayés de ces projets, vous obséderont, sire, & vous proposeront peut-être eux-mêmes des réformes qui, n'en doutez pas, seront conformes à leurs intérêts & ne seront que des palliatifs, des perfectionnemens d'abus; en les acceptant, vous ne feriez peut-être que donner le temps à ces ennemis de préparer une révolution en leur faveur, en s'emparant de la seule force qui puisse assurer vos succès, en abusant du mécontentement actuel de vos peuples pour les irriter contre vous, & en s'assurant de leur confiance par des promesses & des insinuations perfides.

D'ailleurs, sire, vous donneriez aussi le temps aux

Français d'arriver & de porter chez vous leur nouvelle & puissante artillerie, qui consiste dans leur bref & très-éloquent manifeste : *guerre aux tyrans & liberté aux peuples*, dans leur déclaration des droits naturels de l'homme & du citoyen, & dans leur décret du 2 août dernier, qui assure aux déserteurs des troupes ennemies la qualité de citoyen Français, une gratification de 50 l. en argent, & une pension viagère de cent livres en tontine & susceptible d'augmentation jusqu'à 500 livres. Avec ce décret, ils ont fait déserter une grande partie des troupes Prussiennes & Autrichiennes, & cette désertion continue. Les peuples qui connoissent leur manifeste & leur déclaration des droits, les appellent à leur secours, vont au-devant d'eux, leur présentent les clefs de leurs villes, les reçoivent comme des libérateurs; & il n'y a que les rois, les nobles & les prêtres pour lesquels cette marche triomphale des Français ne soit pas le plus auguste spectacle. Bientôt, sire, vous verrez ce spectacle chez vous, si vous suivez votre projet de secourir le dernier roi des Français, qui a voulu se perdre, & sa méchante femme qui a voulu donner la France à sa famille, comme la vôtre travaille à lui donner vos Etats. Je vous le répète, sire, l'Empereur n'invoque le secours des rois & des princes de l'Europe, qu'avec les perfides intentions de les affoiblir pour les dépouiller ensuite. Oui, sire, la maison d'Autriche s'occupe constamment, depuis nombre d'années, du vaste projet de partager l'Europe avec la Czarine, & vous ne voyez pas vous autres rois, que les Autrichiennes, vos épouses, vos ministres & vos ambassadeurs sont les instrumens dont se sert le ministère de cette cour vorace pour vous attirer dans ses filets. Instruits maintenant de l'astucieuse, de l'odieuſe politique de la race Autrichienne, ceſſez donc de vous attriſter des échecs qu'elle éprouve, ils ſont heureux pour vous.

Hâtez-vous, ſire, d'attacher votre exiſtence à la reconnoiſſance de vos peuples par des actes authentiques de bienfaiſance envers eux; invitez-les à former une convention nationale, dont ils excluerent les prêtres & les nobles, vos ennemis communs.

Les bonnes loix, les ſages règlemens ſont difficiles à faire, mais ni les unes, ni les autres ne doivent point émaner de votre volonté. Les loix convenables au bonheur de l'homme, au gouvernement & à la proſpérité des nations, ſont faites par la nature, de toute éternité. C'eſt à votre nation, ſire, ſuffiſamment inſtruite de ces loix naturelles, à y conformer ſa volonté générale, & à l'exprimer par les repréſentans qu'elle ſe choiſira librement, & vous voilà, ſire, débarraſſé d'un travail dont les rois n'ont été chargés que par uſurpation, & qui n'a été dans leurs mains qu'une ſource d'abus & de calamité. La Convention Nationale Napolitaine, en s'éclairant des lumières des français, déterminera tout ce qu'elle a droit & pouvoir de faire pour la régénération de ſa Patrie, & ſi dans ces circonſtances difficiles vous avez déployé, ſire, le grand caractère dont vous êtes heureuſement doué, votre Nation vous continuera certainement chef ſuprême du Conſeil exécutif, en vous donnant des miniſtres reſponſables.

Les Nations ont à reprocher aux mânes du très petit nombre de bons rois qu'elles ont eu, de leur avoir fait aimer la royauté, en leur faiſant oublier les tyrannies de leurs prédéceſſeurs, & de ne les avoir pas préſervés du pouvoir arbitraire de leurs ſucceſſeurs, par une conſtitution capable de leur aſſurer la jouiſſance parfaite de leurs droits naturels. Par ces délits, ces bons rois ſe ſont rendus coupables de tous les crimes de leur poſtérité, de tous les maux qu'elle a fait à leurs peuples. Puiſſiez-vous, ſire, être bientôt dans l'heureuſe néceſſité de vous préſerver de ces reproches ; en vous en préſentant les principaux moyens, je crois vous avoir donné des preuves certaines d'un zèle éclairé pour vos intérêts, & du profond reſpect avec lequel je ſuis, &c.

www.ingramcontent.com/pod-product-compliance
Lightning Source LLC
LaVergne TN
LVHW020339230826
846091LV00003B/930
* 9 7 8 2 0 1 3 5 5 8 5 7 0 *